学 校 课 程 深 度 变 革 丛 书　　杨 四 耕 主 编

李青春◎主编

新美课程：
演绎
生命之诗

华东师范大学出版社

本书编委会

主编： 李青春

编委： 李青春　马　艳　田桂诱　米晓波　闫思兰
　　　　蒋成羽　孔　燕　邓建中　周　静　吕晓丽
　　　　王　刚　张　东　瞿　炼

<u>丛书总序</u>

迈向 3.0 的学校课程变革

学校课程变革有三个层次：一是 1.0 层次。这个层次的课程变革，以课程门类的增减为标志，学校会开发一门一门的校本课程，并不断增减，这是"点状"水平的课程变革。二是 2.0 层次。处在这个层次，学校会围绕某一特定的办学特色或项目特色，开发相应的特色课程群。在一定意义上，这个层次的课程变革是围绕办学特色的"线性"课程设计与开发水平。三是 3.0 层次。此层次，学校课程发展呈"巢状"，以多维联动、有逻辑的课程体系为标志，将课程、教学、评价、管理以及师生发展融为一体，这是文化建构与创生层次的课程变革。

当前，碎片化、大杂烩的学校课程变革普遍存在。具体表现如下：

一是不贴地。没有学校课程情境的分析，空降式课程开发，不基于学校实际，没有在地文化意识，不关注孩子们的学习需求，为了课程而课程。

二是无目标。不少学校的改革是为了课程而课程，课程建设不是基于育人目标的实现，脑中没有育人意识，眼中没有育人目标，育人目标与课程目标不能很好地实现对接。

三是无逻辑。没有学校课程的顶层设计或整体规划，学校课程建设只是一门、一门的校本课程的累加，处于"事件"状态，没有形成"整体"气候，没有"体系"意识。没有基于学校的办学理念提出自己的课程理念，办学理念与课程理念一致性比较弱，更别谈基于理念的课程设计、实施与评价的"连结"或"贯通"了。

四是大杂烩。学校虽然开发了很多课程，但对课程没有进行合理的分类，课程之间的关联性与结构性比较弱；杂乱无序的"课程碎片"以及随意拼凑的"课程拼盘"，很难以发挥课程的整体育人效果。

五是不活跃。课程实施方式单一，以课堂教学为主渠道，以学科学习为主范域，以知识拓展为主追求，辅之以兴趣小组、社团活动，对户外学习、服务学习、综合学习、动手操作等方式用得很少。

六是无评价。没有课程认证与评估，课程开发随意性比较大；课程设计没有具体评价考虑，课程实施效果没有评价支撑，其结果不得而知。

七是弱管理。基于现实因素，中小学对教学管理是抓得很紧的，但因课程开发对学校来说只不过是"锦上添花"的东西，所以大多数学校的课程管理都比较弱，基本不受重视。从现实情况看，中小学教师普遍没有课程意识、课程开发能力比较弱，更不懂得如何管理课程，课程资源意识也比较淡。

八是低关联。学校课程的各要素之间关联度低，如学校课程建设没有触及课堂教学改革，课程建设与教学有效性的提升没有关系；中小学真正参与课程建设的积极性普遍不高，他们内心里觉得"课程开发浪费时间"，"对提高教学质量没有用"，课程开发在很大程度上还只是行政推动或为了所谓的"办学特色"而已。

林林总总，中小学课程改革的细节问题很多，很值得我们关注。教育部《关于全面深化课程改革，落实立德树人根本任务的意见》指出：中小学课程改革从总体上看，整体规划、协同推进不够，与立德树人的要求还存在一定差距。主要表现为课程目标有机衔接不够，课程教材的系统性、适宜性不强；与课程改革相适应的评价制度不配套，课程资源开发利用不足，支撑保障课程改革的机制不健全等。因此，更深层次地说，迈向3.0的学校课程变革是"立德树人"的深切呼唤。

根据笔者多年的观察与研究，对中小学而言，3.0的学校课程有以下基本特征：一是倾听感，聚焦"原点"，关注学生的学习需求；二是逻辑感，严密的而非大杂烩或拼盘的；三是统整感，更多地以嵌入的方式实施而非简单地做加减法；四是见识感，以丰富学生的学习经历而不以知识拓展或加深为取向；五是质地感，课程建设触及课堂教学变革，教学有效性的提升倚赖课程的丰富与精致。

在迈向3.0的学校课程变革旅途中，中小学可以推进以下六个"关键动作"，扎实、深入推进学校课程变革,形成学校课程变革架构,创生学校文化特色。

第一个关键动作,把儿童放在课程的中央,关注儿童的学习需求与兴奋点。

3.0课程是以学习为中心的课程。捕捉孩子们的兴奋点,点燃孩子们的学习热情,满足孩子们的学习需求是学校课程变革的首要议题。

学习需求是学习的动力,是影响学习品质的重要因素。在一所学校,从学习需求的主体看,我们应关注这样三类学习需求:一是所有孩子的共同学习需求,二是一部分孩子的团体学习需求,三是一个特定孩子的个别化学习需求。学校如何采取合理的方式,识别、发现、回应、满足、引导学生的学习需求,促进学生发展,是学校课程发展的关键。从学生学习需求的动态发展变化过程去分析、研究学生的学习需求,在学生学习需求的满足与不满足的动态平衡中去研究学校课程架构才有实际意义。在"回归"意义上,学校课程建设把学习需求放在中央,是以学生发展为本的教育理念的具体反映。

学习需求分析是一个系统化的调查研究过程。我们要通过调查全面了解学生的实际情况。调查的对象可以是群体,如一个班级或教师任教的几个班级、一个年段甚至更广;也可以是个体,如某个特别的学生或两个对比的学生。具体调查方法有问卷调查、访谈座谈、测试调查、案例分析、典型跟踪等。不管哪种方法,主要目的是收集相关数据,整理、分析、判断、发现学生现状中存在的问题,并找出问题产生的原因,以便在课程设计中对症下药,确定解决该问题的必要途径。

当然,我们也要注意区分哪些需求是必须满足的,哪些需求不是非满足不可的,哪些需求是需要引导和调整的。杜威说:教育即经验的改造。面对孩子们,我们要思考的是:是不是所有的经验都可以进入课程?怎样的经验具有满足孩子们学习需求的属性呢?实践证明,经验必须满足以下两个条件才能进入课程:第一,经验必须关注儿童生长,必须把儿童放在课程的中央,真正促进儿童的成长与发展;第二,经验必须具有连续性。经验仅仅新鲜、有趣是不够的,散乱的、割裂的和"离心"的经验,是没有意义的,不能作为课程的有机构成。经过设计的"经验"可以从小到大、从自我生活到公共领域。经过精心"改造"过的经验,可以很好地体现"逻辑结构"与"心理结构"的有机统一。换言之,我们的课程设计应该贴近儿童的学习需求,聚焦孩子们的生长点。

第二个关键动作，建构自己独特的"课程图谱"或"课程坐标"。

丰富的课程比单一的课程更有利于孩子们的人性丰满，这是一个课程常识。如果把课程视为书本，孩子们可能会成为书呆子；如果把课程视为整个世界，孩子们可能会拥有驾驭世界的力量。

课程是一个可延伸的触角。让课程更好地链接生活、链接活动、链接管理以及一切可能的要素，让学校课程纵横交错，能够真正"落地"，这是迈向3.0课程变革的关键手法。

为此，每一所学校都应致力于建构自己独特的"课程图谱"或"课程坐标"。在横向上，将学校课程按照一定的逻辑进行合理的分类；在纵向上，将学校课程按照年级分为不同层级，形成一个适应不同年龄阶段孩子的课程阶梯。具体地说，在横向上，重构学校课程分类，让孩子们分门别类地把握完整的世界之奥秘；在纵向上，强调按先后顺序，由简至繁、从已知到未知、从具体到抽象，保持课程的整体连贯。这样，我们就可以形成天然的、严密的学校课程"肌理"，让课程有逻辑地"落地"，有利于克服课程碎片化、大杂烩问题。

总之，如何按照一定的逻辑，理顺学校课程纵向与横向关系是学校课程变革需要审慎思考的问题。让课程真实地存在于特定学制之中、特定年级之中、特定班级之中，让每一位教师可以看到自己在学校课程图谱中的位置，每一个家长可以更清晰地知道自己的孩子在学校将学习什么，未来将发生什么，学校将把孩子们引向何方……一句话，课程是动态的课程，而不是静止的名称。

第三个关键动作，具身学习成为课程最核心的实践样式。

真正的学习应是具身的。换言之，只有个体亲身的经历和体验才称得上是学习。课程从本质上说是一种经验。说白了，课程就是让孩子们体验各种经历，并由此将知识以及其他的各种可能转化为自身的经验，实现自身的"细微变化"。

3.0的学校课程表现出这样两个特点：一是突出孩子们在课程设计、实施与评价中的主体地位，让他们在课程中释放激情；二是从孩子们的角度出发设计课程，以孩子们喜欢的方式实施、评价以及管理课程。这样，课程不是外在于孩子们的，孩子们本身就是课程的设计者、实施者和评价者。

培根说,知识就是力量。这话只说对了一半,确切地说,具身的知识比离身的知识更有力量,能够勾连起想象力的知识比无想象力的知识更有力量,有繁殖力的知识比无繁殖力的知识更有力量,成体系的知识比碎片化的知识更有力量,被运用的知识比没有得到运用的知识更有力量。课程是有设计、有组织的经验系统。在这里,见识比知识更重要,智识比见识更有价值。

在课程实施过程中,让孩子们采用多样的、活跃的学习方式,如行走学习、指尖学习、群聊学习、圆桌学习、众筹学习、搜索学习、聚焦学习、触点学习……但凡孩子们生活世界里精彩纷呈、活跃异常的做事方式,就是课程实施的可能方式,而不仅仅是所谓的概念化了的"自主、合作、探究"。杜威说:"一切学习来自经验。"实践、沉浸、对话、互动、参与、体验是课程最活跃、最富灵性的身影,也是课程实施的最重要的方法。重视孩子们直接经验的获得,通过一系列的实践活动,扩充和丰富孩子们的经验,是3.0课程的重要表征。

第四个关键动作,课程不再是"孤军作战",关联与整合成为课程实施的常态。

关联与整合是3.0学校课程变革的关键特征之一。关联与整合强调要以各学科的独立性为前提对课程内容进行多维、多向的组织。这就意味着,我们要打破学科的固有界限,找出课程要素之间的内在联系,关注知识的应用而不仅仅是知识形式,强调内容的广度而不仅仅是深度。在整合的基础上,加强各个学科之间、课程内容和个人学习需求之间、课程内容和校外经验之间的广泛联系。

一般地说,课程整合有两种常见方式:一是射线式整合,即以学科知识为圆点,根据知识的内在逻辑联系而进行多维拓展与延伸;二是聚焦式整合,即以特定资源为主题,根据学习者的兴趣或经验,以加强孩子们与社会生活的多学科、多活动的关联与整合。从表现形式来看,既有"学科内统整",又有"学科间统整";既有"跨学科统整",又有"学科与活动统整"以及"校内与校外统整"等。

课程是浓缩的世界图景。3.0的课程是富有统整感的课程,是多维连结与互动的课程。不论是学科课程的特色化拓展,还是主题课程的多学科聚焦,都应尽可能回到完整的世界图景上来，努力将关联性与整合性演绎得淋漓尽致，让孩子们领略世界的完整结构。

第五个关键动作，学校弥漫着浓郁的课程氛围，自觉的课程文化是变革的结晶。

课程保障条件的落实、课程氛围的营造以及学校文化的自觉生成，是 3.0 课程变革的重要组成部分。中小学如何落实课程保障条件、让学校课程氛围浓郁起来？有两点建议值得一提：

一是主题仪式化。孩子们对于节日的喜爱源自天性，几乎没有孩子不喜欢"过节"。每个学期开始前，学校可以集体策划、共同商讨本学期的主题节日。如学校可以推出热火朝天的"劳动节"，引导着孩子们动手动脑，学会观察，搞小研究，孩子们以"种植"为主题，选择不同的植物作为研究对象；可以设计绚烂多彩的"涂鸦节"，针对不同年级开展不同的涂鸦活动，以生动有趣的形式来展现审美情趣，表达情感，激发孩子们的创意，让他们增进环保意识；可以创造生机盎然的"花卉节"，带着孩子们走进大自然，感受花卉的美丽绚烂，搜索和花相关的各种诗篇、成语、民间故事，增长见识的同时提升审美情趣；可以拥有别开生面的"晒宝节"，孩子们在全家的支持下开始搜索各种宝贝，如独立寻找自己的钢琴考级证书，在家人的帮助下寻找爸爸、妈妈小时候的照片，奶奶钟爱的缝纫机，爷爷的上海牌手表等。当然，我们还可以生成趣味无穷的"游戏节"、传递温情的"爱心节"、开阔眼界的"旅游节"……对于孩子们来说，校园节日是难能可贵的课程。

一句话，学校精心准备、周密策划，充分发挥全体教师的智慧与才干，开发具有时尚、艺术、娱乐等元素的、孩子们喜欢的校园节日，将德育活动通过一个个校园节日展现出来，让丰富多彩的节日活动吸引孩子们，让浓郁的课程文化给孩子们的校园生活留下美好的回忆。

二是空间学习化。迈向 3.0 的课程善于发现空间的"意义结构"，它常常以活跃的空间文化布局诠释"空间即课程"的深刻内涵。现在，我们有很多学校已经意识到了"空间课程领导力"的价值。诸如以下一些做法都是值得我们赞赏的：1. 办学理念视觉化、具象化，充分展示一所学校的文化气质；2. 办学特色课程化、场馆化，让办学特色成为课程美学;3. 教室空间资源化、宜学化,让每一间教室都释放出生命情愫;4. 图书廊馆特色化、人性化,让沉睡的图书馆得以唤醒;5. 食堂空间温馨化、交往化,让喧闹的餐厅不仅仅可以就餐;6. 楼道空间活泼化、美学化,让孩子们转角遇见另一种美……如何最大限度地让校园空间成为课程的有机组成部分,如何最大限度地让每一个物理空间释放教育能量,如何突破教室和校园围墙限制,让社区、大自然和各种场馆成为课程深度推进的生命空间,是3.0课程的美好期待。

这意味着,我们应当超越对空间的一般认知,重塑空间价值观念,提升空间课程领导力。通过设计、再造、巧用空间的"点、线、面、体",促进学校课程深度变革。我们应从实践美学的视角,重新发现学校空间的课程内涵,清晰定位学校的办学愿景、办学理念、内涵特色和育人目标,把无形的教育理念转变为有形的课程空间,通过深入分析学校的内涵发展、办学特色、课程理念,以及学生的多元学习需求,研究不同课程教学活动对空间的功能诉求,从物理设施、学习资源、技术环境、情感支撑和文化营造等维度上,对空间功能进行整体再构和巧妙运营,将课程理念转变为看得见的空间课程,让空间最大程度地满足不同学生的多元化发展需要。

总之,课程是一种文化范式。推动基于课程向度的仪式创意与空间设计,关注学习方式的多变性和场景性、学习时间的灵活性和可支配性、学习空间的多元性与舒适性、学习资源的丰富性和易得性,让所有的时空都释放出教育价值,让所有的时空都成为课程场景,让孩子们学习作品的形成、展示、发布、分享成为校园里最美丽的景观,让时空展示出生命成长的气息和活性,这是3.0课程的美好图景之一。

第六个关键动作,聚焦儿童的成长与发展,让课程表现出鲜明的回归属性。

3.0课程变革具有鲜明的回归属性:无穷点的多维连结聚焦到人的完整发展与灵性生长,回归到"教育即解放"这一"原点"上。

众所周知,课程与儿童的关系是一个既古老又年轻的话题。说它古老,是因为自从有了学校教育,有关课程与儿童的讨论便应运而生,历史上每一次课程改革都必然伴随着儿童观的思考;说它年轻,是因为随着时代的发展,这个问题会表现出新的形态与新的内涵。可以说,"让课程回归儿童"是3.0课程的必然选择。

当前，我们有很多学校在处理课程与儿童的关系问题上显示了高超的艺术与纯熟的智慧：课程目标设计过程凸显内在生长的视角，课程内容设计方面突出课程内容的生命活性，课程结构把握强调纵横交错的系统思维，课程实施探索强调具身学习的人本立场，课程评价与管理彰显儿童的主体地位。

课程即独特的生命体验。一百个孩子，一百个世界。每一个孩子对世界的认识都不一样，课程就是要认可每一个孩子的生命体验，并尊重他们的选择和体验。课程也是可选的发展标志。每一个孩子都有自己的发展高度，每一段路都是一个人生标杆，每一段经历都是一个人生标杆。课程就是要依据孩子的不同实际，开发适合他自己的独特的"生命图景"，让课程真正回归儿童。

说到这里，不由地想起美国课程学者小威廉姆 E·多尔提出的以 Rich（丰富性）、Recursive（回归性）、Relational（关联性）和 Rigorous（严密性）的"4R"课程设计理路，让学校课程变革更符合生命成长的诗性节律。我的推想是，迈向 3.0 的学校课程变革是不是在践行"4R"的课程追求呢？是不是在推进基于文化自觉的课程变革呢？答案是肯定的！

杨四耕

2016 年 11 月 15 日于上海市教育科学研究院

目录

　　美，或许只是一种无限接近完美或理想境界的状态。这样的状态下，自身，亦或是他人，皆能够感受愉悦。对美的直观感受来自视觉，而长远深沉的美却来自内涵。爱美之心，人皆有之，从表面之态，到根本之源，尚美修身意为不断寻求美的本质。择善而从，博学于文，并约之以礼，修身本身就是一种美。毕竟，在拥有物质上的三观端正、精神和肉体纯洁、心性谦卑、永远知道不足、追求自我进步和超越之后，美丽自然会从最根本的地方开出花朵，自成一道风景。

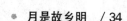
第二章　达美言语：破译成长的密码　/ 51

　　语言是思想的寓所。思想,可以存在于或朴实或华美的文字里,也可以存在于或婉转或粗犷的声音里,甚至还可以仅仅只是附着于我们的脑海之中。然而,无论它遁迹于何处,思想总是和语言相伴随的。语言是人的心声,是人的灵魂的闪动。它徜徉于我们跳动的脉搏,穿行在人类文明的历史长河之中。就像诗里写的那样："你见,或者不见我,我就在那里,不悲不喜。"当笔停驻于纸上的那一刻便是心田智慧的开始,而这一刻变得雅致而神圣。真正从你笔下流淌出来的文字,便是你心灵的声音,它带着你内心的期许,谱成一篇篇乐曲。

第三章　完美思维：对话深邃的灵魂　/ 102

思维是智力的核心要素，是衡量一个人智力水平的重要标准。人的一切创造性活动都与思维力有关，恩格斯曾说"思维是地球上最美丽的花朵"。一个人成才与否，关键取决于是否自幼接受思维的训练，统观古今中外有杰出贡献的人，大多思维力都异常敏捷。无论整个社会还是独立个人，都需要思维，都需要智慧。可以这样说，真正的教育应是智慧的训练。从深层意义上说，思维就是与灵魂的自我对话。

第四章　创美探索：洞察世界的奥妙　/ 152

创新是推动人类社会不断进步的动力，人类从在世界上诞生的那一刻开始，就从来没有中断过创新的脚步。创新精神是一个民族的脊梁，如果没有创新的意识，生活就会周而复始、枯燥乏味。创新是大河奔腾激昂的命脉，如果不去创新，河水将不能够源远流长、澎湃亢进；创新是一团可以燎原的星星之火，要是不去创新，一切都会变得黯淡无华；创新是历史巨轮乘风破浪的船帆，失去创新，社会将会从此停滞不前。探索是创新的基石，生活的真正含义，就在于不断向着未知探索。

第五章 弘美健体：塑造健康的身心 / 197

　　身体是灵魂的住所，更是灵魂的工具。一个生命力旺盛的民族，一定是身心健康的，具有强健体魄的，拥有坚强意志的，充满生机与活力的民族。欲文明其精神，必先野蛮其体魄。体育与人格碰撞在一起激发的最打动人的魅力，在于体育精神里传达出的情感共鸣，在于蕴含其中的合作与默契，在于达成目标过程中那种执着追求、不轻言放弃的坚定信念。体育对学生个人成长及整个社会都有着积极的意义。因此，蔡元培先生提出"完全人格，首在体育"。

第六章　展美艺趣：发现生活的诗意　/ 244

一幅传神的画可以让你看到精湛的技法，更让你领略到文化的悠久灿烂和大自然的磅礴隽秀；一首美妙的歌会扣动你的心弦，触动你埋藏最深的神经，使你不由自主地感慨万千；一段美轮美奂的舞步，让你感受到不同民族的风格和不同时代的气息；一尊蕴含着生命与动力的美好雕塑，使你迸发出一种强烈的内在冲动，引发你无限的遐想和思考……有了艺术，人间才处处有美。艺术融合于生活，生活才变得多姿多彩！

前　言

童年是一首清新的"赞美诗"

美丽迷人的重庆嘉陵江畔，繁华热闹的观音桥商圈旁，坐落着一所有着深厚文化底蕴的学校——重庆市江北区新村实验小学。学校建于1937年，是重庆市首批命名的示范小学，并且先后被评为全国教育系统先进集体、全国红旗大队、重庆市文明单位、重庆市文明礼仪示范学校、重庆市优秀基层党组织、重庆市红领巾示范校、重庆市信息技术示范学校、重庆市依法治校示范校、重庆市民主管理示范学校。2013年，学校在继承历史发展的基础上创新发展思路，秉承"一切从学生的全面发展出发，一切为学生的健康成长服务"的教育宗旨，确立了"新美教育"之哲学，提出"以美育美、各美其美"的办学理念，践行"各美其美、日新月异"的校训，着力塑造"新美教育"品牌。今天，新美教育的气质正在彰显，学校辖一个本部、三所分校的集团化办学格局赢得了社会的广泛赞誉；新美教育的名片得到擦亮，学校成了学生健康快乐成长、教师幸福智慧工作、家长尊重信任赞颂的新美校园。

"新美教育"是学校秉承的教育哲学和文化，是学校统领课程、课堂的灵魂。新，即为进步、超越，是对教育的最新境界、最新方式、最新内容的不懈追求，是生命的动态发展和可持续成长；美，既是教育的终极目标，也是教育的最高境界。新美教育，就是综合一切教育元素，以最美的样态去激励孩子、熏陶孩子，让孩子们在持续的美感启蒙的过程中去发现美、习得美、享受美、创造美和传播美。新美教育，在着眼于人的全面发展的基础上，特别关注个性发展的核质，注重人的创新意识、创新能力和对美的向往、追求与达成。新与美，既是教育目标，亦是教育手段，以新求美，以美促新，最终为生命成长打下新与美的人生底色。

1

我们崇尚，新美教育是直抵灵魂的心教育，是高扬大爱的暖教育，是崇尚博雅的广教育，是归于感动的悟教育，是张扬个性的魅教育；我们坚信，美是生命的完善与臻至，学校是一座神秘的智慧迷宫，童年是一首清新的赞美诗，教育是一场迷恋成长的美学散步，演绎生命之美是教师职业的神圣使命；我们以为，至真、至善、至美是新美教育最美的图景。我们坚守这样的教育哲学，是因为全体新村教师对教育进行了系统思考。第一，我们认为，教育的本质就是美的教育，教育的过程就是在美中浸润直至"人性完善"的过程！第二，我们坚信，虽然每个孩子因为个体特质而表现出不同的个性特点，但是每个孩子都有他生命的精彩，都有属于他的精彩之美！第三，我们期望，每个孩子每天都有进步，都能沿着他自己的人生成长轨迹前进一点点，日积月累，日新月异。

新美课程体系建设：在这里，演绎生命之诗。学校《十三五美丽行动纲领》中这样阐述："新美课程是学校的核心竞争力，是学校文化落地的载体和土壤。"基于"新美"教育哲学，学校提出了"在这里，演绎生命之诗"的新美课程体系建设理念。这意味着课程是诗意盎然的生命画卷；意味着课程即美好的演绎、心灵的丰富、生命的体验、智慧的自然。学校新美课程体系树立至真乐美、至善尚美、至新创美、至纯雅美的课程目标，以培养具有"健康、担当、乐学、创新"外显样态的、拥有"乐学习能改变，爱探索会创造，有梦想能担当，雅情趣懂审美"核心素养的新美少年为归旨。

学校新美课程体系以美为核心线索，构建了新美课程体系的六个模块，将国家开设的语文、数学、英语、科技、品德与社会(生活)、音乐、美术、体育与健康、信息技术、综合实践等课程和学校开发的校本特色课程按照多元智能理论以及学科特点统整为六个大类的课程，即尚美修身课程、达美言语课程、完美思维课程、创美探索课程、弘美健体课程和展美艺趣课程。每个模块课程中建构"1＋N"的课程群。在尚美修身课程类中，"1"指品德与生活(社会)课程，"N"指我们拓展开设的仪式课程、节庆课程、始业课程、午会课程、毕业课程等课程项目。在达美言语课程类中，"1"指语文、英语课程，"N"指学校根据年级特点拓展开设的趣味童谣、经典绘本、国学启蒙、诗海拾贝、品味经典、名著赏析、小记者、小小主持人、童言童画、小小演说家、萌动 ABC、英语节、读书节等课程项目。在完美思维课程类中，"1"指数学课程，"N"指学校开发的数学迷宫、七巧益智、玩转 24 点、畅游数控、奇幻魔方、数独驿站、购物理财等数学文化、金融课程。在创美探索课程类中,"1"指科学、信息技术、综合实践课程,"N"指学校拓展开设的社会实践探究、科技文化节、美感启蒙、创客机器人、智能小院士、"寻美重庆"等课程项目。在弘美健体课程类中,"1"指体育与健康、体育与运动课程,"N"指学校拓展开设的体育文化节、田径运动会、绳彩飞扬、篮球公园、绿茵乐园、武动新村、田径健将、小飞鱼馆、"棋"乐无穷、心理健康辅导等课程项目。在展美艺趣课程类中,"1"指音乐、美术学科课程,"N"指我们拓展开设的丝竹音韵、民乐新蕾、童心童画、童心舞动、墨香书韵、艺术嘉年华、小小演奏家、C大调童声合唱团、彩墨彩韵、天趣烙画等课程项目。

学校课程体系围绕美设计,围绕美实施。新美课程体系,诞生于学校办学理念之下,服务于新美少年的培养,服务于学生核心素养的发展,为美的教育做出灵动的表达,为打造出学校品牌呈现出美的绽放。新美课程积极探索和大胆尝试课程整合的路径。一是学科内整合,包括单元内部整合、同一册教学内容中的单元整合、同一内容不同年级的整合三种情况,从一个学段或是一册书,甚至是一个模块的优化组合出发,形成层层推进的学科课程规划设计,达到既可以独立又能形成序列的学科课程方案;二是跨界整合,打破学科壁垒,将不同学科的资源进行整合,如学校创美探索课程模块中的"寻美重庆"主题项目学习课程、多学科融合的美感启蒙课程等等,将各学科的教学方法、教学内容、思维方式、知识背景等相互渗透,有机融合,创造性地进行教学,体现综合性的学习方式。近几年,学校形成了《戏曲美家国情》、《寻美重庆之重庆美食》、《奇妙的海洋世界》、《我用身体演绎春天》、《春天的颜色》等许多体现学科融合经典的课程案例。

新美课程是动态发展的不断生成的创新课程体系,是对美的教育最好的诠释,是对学生核心素养发展的最好回应。新美根植于师生心中,为人生涂上新与美的靓丽底色。

今年是学校建校80周年。经历八十个春秋后,对于一个人来说已不再年轻,但对于新村实验小学来说,她却青春不老,在她逐渐形成的品格高尚、大气智慧的岁月烙印中能品出新美教育的味道。这本书,就当作是全体新村实小人献给学校八十寿辰的礼物吧。书,一旦出版就不再属于作者,优秀与否需要读者来点评。而对于我们,意味着一段历史的定格和新征程的开始。这本书的出版,要非常感谢上海市教育科学研究院的杨四耕教授，他创造的"首要课程原理"的理论对学校的课程建设具有重要的指导意义，是在他的严格要求、悉心指导下，这本书以及另一本专著《课堂，涵养生命的园圃——"新美课堂"的美丽密码》才得以成功完成，在此深表谢意。

童年是一首清新的"赞美诗"。对于未来的新村实验小学，该怎样基于学生的关键品格和关键能力从全面育人的角度深入推进"新美教育"，续写更加生动的"赞美诗"篇章，向着"新美教育"更远的道路、更高的目标迈进，我们充满期待，我们充满信心！

李吉安

2017 年 7 月

第一章　尚美修身：探寻最不经意的美

　　美，或许只是一种无限接近完美或理想境界的状态。这样的状态下，自身，亦或是他人，皆能够感受愉悦。对美的直观感受来自视觉，而长远深沉的美却来自内涵。爱美之心，人皆有之，从表面之态，到根本之源，尚美修身意为不断寻求美的本质。择善而从，博学于文，并约之以礼，修身本身就是一种美。毕竟，在拥有物质上的三观端正、精神和肉体纯洁、心性谦卑、永远知道不足、追求自我进步和超越之后，美丽自然会从最根本的地方开出花朵，自成一道风景。

　　道德经开篇之句——"道可道，非常道；名可名，非常名"，道尽万物根源。美学亦是如此，能够言说的美，或许是不能够抵达最美的境界的。对于审美，"一千个读者眼里有一千个哈姆雷特"。但是，纠结于表面的美终究没有办法根深蒂固，能够长存的，理应是"根"，也就是本源。"尚美修身"课程正是基于此理念应运而生。

　　尚美，是"崇尚至美"的简缩。"尚"是崇尚、追求、尊重的意思，"美"是人类向往的最高境界。"尚美"教育是培养学生认识美、发现美、追求美和创造美的教育。它充分挖掘教育资源中"美"的因素，将"美"渗透于教育、教学、环境等各个环节，它以审美心理学、审美教育学、美学等多学科为理论支撑，在环境美、内容美、形式美、手段美的影响下，培养具有美的理想、美的情操、美的素养、美的人格的人，以实现人的全面发展。

　　修身，几千年来即有最经典诠释："古之欲明明德于天下者，先治其国；欲治其国者，先齐其家；欲齐其家者，先修其身。"修身，一是修德，二是修智，德才兼备最为理想。修德是修身的首要任务，所以，自古以来，中华民族就遵循着这么一条古训："自天子以至于庶人，壹是皆以修身为本。"（《礼记》）学校是育人的圣地，修身，自然是学校的主要

1

任务，无论师生，当"以修身为本"，学会做人。

风摇动枝叶，却难以撼动最深处的根，这正是源于品德的理论。从表面来说，人有如花似玉、俊美无俦；也有明德惟馨、不同流俗。尚美修身，注重于后者，致力于培养"新村美少年"。"尚美修身"课程下设仪式、节庆、始业、午会、毕业等子课程，这些课程在孩子成长的一系列关键时刻着力，从根本导出灵魂深处的真善美。

课程是载体，我们真正要向学生传达的，是生活的体验和感悟；是永远知道不足，追求自我进步和超越的谦卑之心。当下，过分追求经济效益价值，自媒体时代发展的负面效应容易迷蒙教育的"双眼"，因此，"尚美修身"课程显得尤为珍贵。试想，于循循善诱之中，学会人生一世，善待岁月，独赏华年，求美传德在前，安逸享乐在后，是如此可贵。相由心生，诚于中者形于外，学生发现美，由内而外散发美的气质。一个个通情达理、包容环境与他人的新美少年在新美校园苗壮成长，这正是我们"尚美修身"课程的价值所在。

"毛羽不丰满者，不可以高飞"。根基牢稳，绝不会地动山摇。"尚美修身"课程意义在于，我们和学生一同厚积薄发，追求美的本源，在拓宽生命长度的同时，也拓宽生命的厚度。这样的追根求美，是课程，也是艺术，更是精神。

（周　静）

美丽启航

适用年级：一年级（必修）

 课程背景

　　《美丽启航》始业课程是在一年级开学之初开设的"幼小衔接"综合性课程，本课程旨在引导刚从幼儿园毕业的学生踏入小学的大门，适应小学生的日常生活和作息节奏，知道并遵守新村小学的常规要求，为做一名"健康、担当、乐学、创新"的新村美少年做好准备。

　　对于刚入学的一年级小朋友来说，学习内容的调整、环境的改变将带给他们包括生理与心理上的巨大冲击。由于心智发育不成熟，在感到短暂的新奇感之后，他们面临着生物钟、行为习惯等方面的改变。因而，始业课程虽仅持续入学后短暂的一周时间，却责任重大，意义非凡。课程旨在让一年级新生尽快适应小学阶段的学习和生活，为新学期顺利开展各项教育教学活动打下基础，帮助师生及家长顺利度过幼小衔接阶段。

　　《美丽启航》始业课程秉持以儿童为中心的理念，遵循儿童心理年龄规律，以常规训练为抓手，用丰富多彩的活动打开小学生活的大门，吸引刚入学的学生以最饱满的热情和浓厚的兴趣开启新的航程。在此过程中，课程锻炼孩子的思维能力、动手能力、合作能力，让学生能尽快适应新的小学学习生活。

课程目标

1. 体验小学上课模式,逐渐适应新环境,产生学习和探究的兴趣。
2. 适应小学生活常规,养成良好习惯,学会和同学、老师相处。
3. 学会生活知识,提高自理能力。

 课程内容

本课程以学生为中心,遵循刚入学的学生新奇又有点胆怯的特点,引导他们全方位了解小学的常规要求,帮助他们适应小学生活。

(一) 美丽·健康

小学之前,学生好多事多由父母"代理"。而在始业课程之中,个人卫生与精神文明将被双重强调。结合小学生守则,循序渐进地教育、引导新生做好健康卫生、学会文明行为习惯,为"新美少年"的身心健康成长奠定基础。

(二) 美丽·担当

入学新生多少存在过分依赖他人的状况。始业课程积极鼓励学生独立完成力所能及之事,以思想教育、以身示范让其适应幼儿园到小学的过渡,指引学生做有担当的新美少年,从而使学生能够初步树立班级文化概念,了解班级物品、布置,争取班级服务岗位,摒弃依赖心,培养独立性。

(三) 美丽·乐学

新学校对于新生来说充满新鲜感,始业课程是学生第一次与学校的交流,也是好奇心正盛之时的学习。课程将充分利用学生好奇心,激发其对学习的兴趣,营造"我学习,我快乐"的氛围,促使学生对学习产生美好憧憬,坚持认真听讲,及时完成当天学习任务,养成良好的学习习惯。

（四）美丽·创新

与常规创新不同,新生创新并非从无到有的发明,而是用独特新颖的方式获得知识的进程。始业课程为挖掘、培养学生们的创新能力提供课程体验,寻找不一样的方式汲取新知识,使创新的火花在学习过程中时时闪烁。

 课程实施

利用开学的第一周时间,在一年级每个班教室、多功能室、操场等涉及学生活动的区域,引导学生全面了解校园环境和生活常规,让学生很快适应小学生活。

结合实际,灵活运用辅助教学。在培养学生独立性基础上,懂得使用辅助性教学帮助新生完善自我管理,引领学生走上自主之路。校园规章制度、学习要求等“规矩”,对于新生来说较为枯燥,宜耐心细心,采用趣味方式引导学生学习。课程注重创新,在介绍与宣读方面,宜采用拟人、比喻、故事化等方法,让学生在不知不觉间学会遵守纪律。当然,语言对于新生来讲远远不如实践更有力量,老师在课程中会反复进行实际操作演练,手把手地教导学生规范日常行为。

（一）课前

1. 文明礼仪。师生共读《中小学生守则》,模拟各种校园对话场景,引导学生学习校园礼仪。

2. 课前准备。老师取得家长配合,让其在课前为学生准备好学习用品。老师带领学生上课,巧妙地引出课前口令。

3. 相互了解。老师鼓励学生进行自我介绍,学生间相互交流,并用特别的方式简单介绍学校、班级以及老师,彼此之间留下美好印象。

（二）课中

1. 了解课本。指引学生认识每一门学科课本。在老师的指导下，学生学会整理课本的收纳工具——书包。

2. 进行上课。始业课程的上课并非真正的上课，而是"模拟"上课，相对于学习课本知识，更多的是教育孩子如何上课——端端正正坐立行；听说读写样样全；学会合作小组学；学会预习更高效。

（三）课余

1. 阳光运动。带领学生进行列队训练，指导学习两操，坚持健康运动。

2. 快乐课间。课间注重释放孩子天性，在保证安全的基础上，让学生文明玩耍。

3. 文明用餐。讲解用餐要求与礼仪，通过观看视频，让学生直观了解文明用餐的要领。

4. 家庭学习。作为辅助性学习，家庭作业更多是帮助学生进行行为矫正，学习习惯培养，甚至缓解学习压力。因而布置适量的非书面家庭作业，提出课外阅读、家务劳动建议，助力学生全面成长。

5. 清卫保洁。制作专题片，生动讲解个人卫生注意事项，让学生懂得个人卫生与校园卫生的意义，并教会每一位学生做好值日生。

（四）课后

1. 集体荣誉。通过课程学习与参观，使学生初步认识学校，了解班级文化，知晓公共物品和设施。

2. 规律作息。结合作息表，使学生明确各时间段应当进行何种活动，形成良好规律。

3. 成功结业。在课程结束之余，为学生颁发"每日通关卡"，各班级进行始业课程结业典礼。

课程评价

（一）过程性评价：关注学生的一言一行，随时随地鼓励学生一点一滴的进步，促使他们养成良好的行为习惯。

（二）积星制评价：根据孩子的表现进行积星制评价，凡获得五星者颁发通关卡。

《美丽启航》积星表

评价内容	活动参与	交流互动	实操有效	举一反三
评级方式	每项共五星，进行1—5星评分			
星级				
总星级				
是否通关				

（课程开发者：刘英）

快乐十分钟

适用年级： 一年级（必修）

 课程背景

"午会"课程指的是每天13:50到14:00、由学生活动中心统一安排、每个班级都要开展、每个学生都要参与的十分钟班会。本课程是学校班级一日常规管理课程，是丰富学生的校园生活，对学生开展常规、安全、主题性教育的主阵地。

对于刚刚接触小学学习生活的一年级学生来说，小学生活既有新鲜感，又有陌生感，学生的行为习惯缺乏规范性。然而，培养良好的行为习惯又是这一年级的德育重点。所以，本课程通过每天十分钟的课程，让学生在民主、快乐的氛围中初步形成集体意识、安全意识、自我保护意识等。

本课程秉持"人人参与，知行统一"的理念，以活动为载体，把教育贯穿于每日的活动中，调动每一个学生参与，增强学生主人翁意识和责任感，力求落实到生活中的一言一行，及时总结，强化学生的良好行为，让好习惯利及学生的终身。

 **课程目标**

1. 参与集体活动，体验集体活动的快乐。

2. 了解生活中的安全知识，知道课间如何安全玩耍；明确上学、放学路上的注意事项。

3. 感受校园生活的丰富,学会表达自己的想法。

 课程内容 ————————————————————————————

以活动为载体,以儿童为中心,以周一到周五为序列,将课程分为五大板块,板块内容和要求螺旋上升:

周一:歌曲连连唱

九月主题:入学、教师节、中秋节。备唱曲目:《国歌》、《队歌》、《上学歌》、《爷爷为我打月饼》。

十月主题:爱国。备唱曲目:《国歌》、《队歌》、《歌唱二小放牛郎》、《我爱北京天安门》、《国旗国旗真美丽》。

十一月主题:儿童歌曲。备唱曲目:《国歌》、《队歌》、《小小的梦想》、《两只老虎》、《蜗牛与黄鹂鸟》、《ABC字母歌》、《拍手歌》、《山谷回音真好听》。

十二月主题:传统诗词。备唱曲目:《国歌》、《队歌》、《三字经》、《咏鹅》、《读唐诗》。

一月主题:新年。备唱曲目:《国歌》、《队歌》、《歌声与微笑》、《我的未来不是梦》、《正月歌》、《过新年》、《新年好》。

三月主题:春天。备唱曲目:《国歌》、《队歌》、《春天在哪里》、《采蘑菇的小姑娘》。

四月主题:传统诗词。备唱曲目:《国歌》、《队歌》、《长相思》、《江南》、《明日歌》。

五月主题:劳动、母亲。备唱曲目:《国歌》、《队歌》、《拔萝卜》、《从小爱劳动》、《劳动最光荣》、《世上只有妈妈好》。

六月主题:庆祝六一、夏天。备唱曲目:《国歌》、《队歌》、《快乐的节日》、《哇哈哈》、《种太阳》、《歌声与微笑》。

周二:安全直通车

九月主题:交通安全。内容:了解交通安全重要性,知道一些基本的交通安全知识，读关于交通安全的儿歌。

十月主题：活动安全。内容：知道在校园会发生哪些安全事故，明确上下楼梯要注意哪些安全、课间玩耍应注意哪些安全、体育课怎么保护自己。

十一月主题：户外安全。内容：知道户外活动对人的好处，了解登山、秋游时要注意哪些安全。

十二月主题：自我保护。内容：明确自我保护的重要性，知道遇到校园暴力、校外劫持该怎么办，了解怎样预防欺凌，读自我保护儿歌。

一月主题：课间安全。内容：了解课间文明休息重要性，明确课间文明休息要注意的要点，知道如何文明上下楼、文明如厕，创编课间文明休息儿歌，设计课间文明休息小游戏。

三月主题：饮食安全。内容：知道饮食安全的重要性，了解身边的饮食安全隐患，知道食物中毒的特征，学习如何预防食物中毒。

四月主题：用电安全。内容：知道触电是怎么回事及触电的危险，了解用电安全标志，知道触电发生的原因，了解安全用电的方法，明白怎样预防触电，知道发生触电后该怎么办。

五月主题：防火安全。内容：明确火灾的危害，了解火灾发生的原因，认识灭火设备，学习火灾发生时的自救知识。

六月主题：游泳安全。内容：了解游泳的好处及可能会遇到的危险，明确游泳要注意哪些问题，知道游泳时发生危险该怎么办，了解如何帮助溺水者。

周三：新闻发言人

内容：学生交流最近几天身边感兴趣的事情，内容以当月主题为主。

周四：法治大观园

九月主题：了解急救电话。内容：熟记急救电话号码、急救电话拨打方式、拨打急救电话需注意事项，情境表演加深印象。

十月、三月主题：《中华人民共和国道路交通安全法》。内容：观看交通违规动画，交流感受；了解《中华人民共和国道路交通安全法》中部分法律法规，结合自身情况交流如何遵守《中华人民共和国道路交通安全法》。

十一月、十二月主题：《中华人民共和国预防未成年人犯罪法》。内容：介绍未成年人犯罪实例、未成年人犯罪所需负的法律责任、《中华人民共和国预防未成年人犯罪法》对未成年人不良行为的预防和矫治。

一月主题：法律知识竞赛。

四月主题：《食品安全法》。内容：学习食品安全重要性，了解我国食品安全问题的严重性，介绍《食品安全法》相关法律条文，讨论小学生怎样保证食品安全。

五月主题：《未成年人保护法》。内容：用案例让学生了解《未成年人保护法》中关于家庭保护、学校保护、社会保护和司法保护的条文。

六月主题：法律知识竞赛。

周五：温故而知新

内容：班主任从学习、纪律、安全、活动等方面进行本周总结，表扬做得好的同学和小组。

 课程实施

由学生活动中心统一牵头，统一安排每天中午的时间，全年级所有班级全体学生参与，根据不同的内容安排有序实施该课程。班主任为本课程的执行老师。

本课程是一个常规性课程，重在每个学生参与并于活动中学会各种规则和安全注意事项。由班主任带领全班同学进行实施，学生活动中心进行相关的检查和评比。

（一）唱歌（周一）：全班参与，学唱《国歌》、《队歌》，同时唱与当时季节或节日相关的歌曲，培养集体意识，形成纪律观念。

（二）安全教育（周二）：用图片、讲述等形式介绍安全知识，并联系学生的生活实际对学生进行教育，培养安全意识。

（三）新闻播报（周三）：每次请3—5位同学上台分享自己生活中有意思的事或画面，内容结合当月德育主题。教给学生上台交流时应有的仪态、音量、语速等。

（四）法制在线（周四）：通过讲故事、看动画、知识竞赛的形式让学生了解与其相关的法律法规，提高法律素养。

（五）总结（周五）：由班主任对一周以来学生的文明、学习、运动、劳动等情况进行总结，肯定做得好的个人和小组。

 课程评价

（一）过程性评价

每周一次的新闻交流中，同学们根据表现用"点赞"的形式来评价同学的交流状态。获得全班点赞的同学可成为当月优秀"新闻播报员"，每周获得表扬的个人和小组可以获得一枚新美少年勋章。

（二）展示性评价

周一到周五根据主题安排进行班级学生的展示，个体展示与集体展示相结合，让学生们从身边的伙伴身上学习良好的习惯。

（课程开发者：万梅）

仪式万花筒

适用年级：一至六年级（必修）

 课程背景

  仪式教育是学生人生中的重要体验，它标志着人生从一个阶段走向另一个阶段。每年新生的开学典礼、四年级的十岁生日和六年级的毕业典礼都是学生生命中重要的经历。而仪式的隆重、正式，典礼的热烈、典雅，会深深地留在参与者的脑海中，成为值得终生回味的记忆；其次，仪式教育的过程是学校文化的直接体现，一个个隆重、热烈、承载着校园文化内涵的仪式使普通的事件成为不普通的经历，唤醒孩子心中的美好情感——感恩、珍惜、认同，激发师生对学校文化价值的认同，使学校成为师生共同的精神家园；仪式，还代表着一种神圣：对国家、对民族、对党的忠诚与热爱。

  仪式课程，以"擦亮学生成长中每一个重要日子"为理念，让学生因为仪式而拥有一个美好的童年！

 课程目标

  1. 体验仪式活动的深刻，构建认同感，从而对人生信仰、责任感以及使命感有所认知，激发价值追求。

  2. 在承载校园文化的独特仪式活动中，不断增强归属感、提升集体凝聚力。

  3. 享受仪式过程，拥有美好童年，对生活充满热爱。

课程内容

（一）常规仪式：常规仪式分为开学典礼、升旗仪式、颁奖典礼仪式三大部分，分别冠以"向着明亮那方"、"迎着晨曦前进"、"多一把尺子就多一批好学生"之名，将看似普通的仪式变得意义特殊、与众不同。

（二）成长仪式：根据学生年龄、阅历等不断变化的现实状态，打造出"新生入学仪式"、"少先队入队仪式"、"十岁生日仪式"、"毕业仪式"四大仪式，在一个个重要的时刻引领学生在体验中一步步完成孩童到少年的转变。

（三）传统节日仪式：清明扫墓、庆端午、过中秋节、欢度重阳。四大中国传统节日支撑起仪式课程主心骨，以节日为指引，将传统仪式贯穿其中，在细节处下功夫，奏美乐、讲故事、诵诗词、重交流，将"德智体美劳"导入实践之中。

课程实施

（一）常规仪式（对象：一至六年级学生）

1. 开学典礼：向着明亮那方

步骤一：开学前夕，校园内彩旗飘扬，鼓乐声声。全校师生，盛装出席，满怀憧憬与期待，浓郁氛围中，开学典礼即将开始。

步骤二：开学第一天，全校师生整装集合。具体内容包括升国旗、奏唱国歌、向国旗敬礼；主持人宣布典礼开始，欢迎新同学；校长、教师代表、学生代表依次致辞。

步骤三：文艺表演，展示新美少年风采。

步骤四：师生同呼"各美其美，日新月异"口号，强调校园精神的同时，营造浓郁的开学气氛。最后,主持人宣布典礼结束,各班观看《开学第一课》,开启新学期的航程。

2. 升旗仪式:迎着晨曦前进

步骤一:每周星期一,学生穿校服、戴红领巾,在操场整齐列队。

步骤二:介绍旗手事迹和中队特色;出旗、敬礼、奏乐。

步骤三:全体肃立,升国旗、敬队礼、奏唱国歌。

步骤四:国旗下讲话,围绕"核心价值观"、"中国梦"、"安全法制"、"重大节日"等主题进行。

步骤五:值周教师总结上周情况,为最美班级颁发奖牌。

3. 颁奖典礼:多一把尺子就多一批好学生

准备:准备新颖奖品,布置会场"星光大道",获奖学生列队等候。

开场:主持人用开场白开启美好篇章,升旗仪式营造神圣严肃氛围。

颁奖:获奖学生经由"星光大道"到主席台领奖,获奖代表讲话。

表演:文艺表演掀起高潮。

总结:校长讲话提出殷切希望,鼓励学生再接再厉。

(二) 成长仪式

1. 新生入学:迈开成长第一步

准备:开学前夕,开展"给家长写一封信"活动,告知新生入学事宜。

过程:

(1) 常规升旗仪式之后,校长、一年级全体班主任分别致辞表示欢迎,随后一年级学生代表、家长代表进行发言,让孩子们初步了解自己的学校。

(2) 高年级学生代表致辞,为一年级学弟学妹进行文艺表演,营造温馨的大家庭氛围,让一年级新生感受到来自学校的温暖。

(3) 主持人带领新生宣读入学誓言——全体同学起立,举起右手,宣誓:我是新村实验小学学生,我上学,我快乐。我爱我的妈妈,我爱我的学校,我爱我的老师,我要做健康、乐学、创新、担当的新美少年。

(4) 高年级哥哥姐姐为新生赠送礼物——《新美少年阳光修炼手册》。

（5）新生拥抱父母,感谢养育之恩,再让各班代表把心愿袋放入心愿箱,放飞梦想气球,按照班级顺序到"我是小学生啦!"巨幅背景墙前拍照留影,活动结束。

2. 入队仪式:庄严而神圣的时刻

准备:10 月 13 日建队日前夕,对活动对象的一年级学生进行思想教育以及入队前教育,使学生学习唱队歌、戴红领巾,向新队员家长代表发出邀请函。

过程:

（1）举行"红领巾心向党"入队仪式,依次出中国共产党党旗、中国共青团团旗、中国少年先锋队队旗,唱队歌,敬队礼。

（2）辅导员宣布新队员名单,老队员为新队员佩戴红领巾。

（3）为中队辅导员颁发聘书,书记为中队授中队旗。

（4）新队员代表、辅导员代表讲话,校长总结并提出希望。

（5）新队员宣誓、呼号、退旗、敬礼、奏乐,激发学生作为一名少先队员的归属感和光荣感。

（6）仪式结束,各班有序回教室。

3. 十岁仪式:人生第一个转折点

准备:确定活动日后通知所有四年级学生参加活动,动员家长积极参与,共同见证学生成长;策划"我长大了"主题征文、演讲比赛,为活动奠定牢固基础。

过程:

（1）祝福成长篇:班主任、老师分别送出祝福,与学生们一起感悟生命的精彩,珍爱身边的真情。

（2）快乐成长篇:各班级依次进行才艺展示,随后以"快乐成长、享受快乐、学会感恩、回报社会"为主题,分别发表成长感言,分享成长之乐与成长感悟。

（3）幸福知恩篇:用最想对爸爸妈妈说的一句话、一个礼物、一封信等形式,倾诉成长感悟,书写成长宣言,回味成长经历,体会父母养育的辛劳,学会感恩。

（4）成长感恩篇:感恩祖国、感恩家长、感恩老师、感恩同学,引导学生带着感恩之心看待身边的所有事物,然后进行成长许愿,将愿望珍藏,留下美好童年生活记忆。

（5）宣布成长礼结束，各班有序回教室。

4. 毕业典礼：明天，你好！

准备：布置毕业会场，排练典礼节目，营造毕业氛围，铺垫毕业之情。

过程：

（1）回忆篇：一起走过的日子

① 微电影：六年难忘瞬间，回顾成长岁月，涌动感恩之情。

② 师长致辞：轻唱骊歌，寄语未来，获取力量。

③ 集体合诵《再见了，母校》。

（2）现实篇：告别·目送·选择·情怀

① 新村朗读者之学生篇：如《草房子》——用经典致敬童年。

② 新村朗读者之家长篇：如《目送》——陪伴是最长情的告白。

③ 新村朗读者之教师篇：如《选择》——你是我今生最美的相遇。

④ 新村朗读者之校长篇：如《相信未来》——教育情怀，初心不改。

⑤ 主题表演掀高潮：如《放心去飞》、《隐形的翅膀》、《启程》等。

（3）未来篇：二十年后的我

① 情景剧：穿越时空，新美少年实现了由小我到大我，再到家国情怀的人生蜕变，这就是他们最好的未来！如：新美底色之"选择与担当"的《护士》、新美底色之"永不言弃"的《奥运冠军》、新美底色之"不忘初心"的《歌手》、新美底色之"社会责任"的《创业者》、新美底色之"家国情怀"的《军人》。

② 歌舞：《最好的未来》。

③ 表演结束，学生与老师、家长深情相拥，倾诉离别及感恩之情。

（三）传统节日仪式：传统经典铭记内心

不同于现代化仪式，传统节日带着历史文化气息。选择传统节日进行仪式课程，学生将会更有仪式感，继而对传统文化拥有更进一步的认知。具体课程安排如下表：

传统节日仪式活动安排表

活动主题	活动对象	时间、地点	活 动 流 程
清明节扫墓仪式：踏着烈士的足迹前进	五年级学生	时间：11.27前后 地点：烈士陵园	1. 奏哀乐，献花圈，全体默哀，凸显庄严肃穆。 2. 辅导员老师讲话。 3. 学生代表发言。 4. 少先队员代表献诗。 5. 为烈士献上菊花，并有序退场。 6. 请辅导员老师带领大家宣誓——请大家紧握右拳跟我宣誓：人民为先，祖国至上；诚实勇敢，自律自强；奋发有为，誓作栋梁；振兴中华，再造辉煌。 7. 要求学生写扫墓感受，将活动进行延续，升华学生认知，激发学生对英烈崇敬之情，接受别样爱国主义教育与革命传统教育，让大家从内心深处珍惜当下幸福生活。
庆端午仪式：深深端午情，浓浓粽香意	一至六年级	时间：农历五月初五 地点：教室	1. 由主持人开场，带领大家走进端午。 2. 各年级进行分工，从讨论端午由来开始，进行"端午习俗你我说"以及端午古诗词比赛（推荐老舍七律《端午》、苏东坡《浣溪沙》、文秀《端午》、欧阳修《渔家傲》）。体验端午节的独特魅力，激发学生民族自豪感与爱国热情。 3. 用端午小游戏增加趣味性，包粽子、撮五彩线比赛，为各年级设置不同比赛内容与奖项，活跃整个活动氛围。 4. 在美术、语文、音乐老师指导下，将学生分为几个小组展示手抄报"描画端午"。 5. 请辅导员老师讲话，宣布结束。之后再开展以"端午"为主题的班级自主活动延续端午仪式。
中秋节仪式：海上生明月，天涯共此时	一至六年级	时间：中秋前后周一 地点：学校操场	1. 做好准备，人人参与，以发掘传统节日内涵、弘扬祖国的优秀文化为核心，深化中秋团圆主题。 2. 进行升旗仪式，国旗下的讲话主题定为《皎皎明月浓浓中秋》。 3. 学生代表朗诵以中秋为主题的经典诗词。 4. 进行以"月"为主题的年级赛诗会。 5. 用舞蹈《水调歌头》等表达中秋温馨质朴之感。 6. 校长讲话，活动结束。

续 表

活动主题	活动对象	时间、地点	活 动 流 程
重阳节仪式：爱满天下，暖在重阳	一至六年级	时间：重阳节前后 地点：学校操场	1. 学生代表介绍传统习俗，带领大家了解重阳节的起源、习俗及民族文化含义。 2. 进行"三分钟小故事演讲"（学生自己收集的真实的孝敬父母、长辈，互敬互爱的感人故事）、"孝歌我会唱"环节。激发学生学习敬老、爱老、助老的美德，弘扬中华民族尊老、爱老优良传统。 3. 以中队为单位，开展集体宣誓承诺活动，随后是"小小真心话"活动，让学生走进老人、关注老人、理解老人，用自己的行动来表达对老人的情感。 4. 身体力行、实践承诺：每位学生尽自己所能，制定并坚持为父母长辈做一件自己力所能及的事，并印发"孝亲承诺卡"，写"孝亲承诺语"。 5. 三到五年级各班学生将社会实践所感写成征文，进一步深化重阳内涵。

 课程评价

（一）每次课程之后，将"仪式活动评分表"（附下）送到参与仪式课程各班老师、领导手中，匿名对活动进行打分，并根据意见不断进行完善。

（二）得分低于 80 分，重新策划相关仪式课程。

（三）得分高于 95 分，反复温习课程过程，在原有基础上，让课程转化为复制性高、实施简单的更优质课程，并进行延续。

仪式活动评分表

序号	评价要素	评价要求	权重	等级分数				得分	总分
				优 10—9	良 8—7	中 6—5	差 4—3		
1	主题	1. 符合教育目标。 2. 针对学生实际。	10%	10—9	8—7	6—5	4—3		
2	内容	具有教育性、时代性、广泛性、趣味性、参与性、示范性、感染力。	30%	30—27	26—21	20—15	14—9		
3	形式	活动形式多样，生动有创意。	10%	10—9	8—7	6—5	4—3		
4	成员的主动性	1. 成员在活动中有分工、有角色。 2. 充分发挥成员积极性、主动性，培养创新能力。	20%	20—18	17—14	13—10	9—6		
5	活动效果	1. 活动基本能满足队员发展要求。 2. 活动使队员增长了才干，培养了兴趣，开阔了眼界，提高了思想认识水平。	10%	10—9	8—7	6—5	4—3		
6	流程规范	会场布置、队会气氛、队仪式、整队、出退队旗仪式、唱队歌、主持人风度、呼号、服装与队标志、精神面貌等方面情况良好。	20%	20—18	17—14	13—10	9—6		

评语	优点	
	不足	
	建议	

（课程开发者：周静）

感恩三月

适用年级：四年级（必修）

 课程背景

  《感恩三月》实践课程是通过创设生动、活泼的各种教育情境,培养学生的感恩意识,让感恩之心根植于学生心灵深处,成为学生自强、自立、进取的内驱力和推动力的尚美实践课程。

  实施感恩实践课程,要通过学校、家庭和社会的共同努力,运用活动引领、细节渗透、文化熏陶等有效的策略,帮助学生建立正确的人生观、价值观,让学生们在"知恩、报恩、施恩"的系列活动中养成孝敬父母、尊敬师长、关心他人、热爱环境、不畏挫折、回报社会的崇高道德风尚,从而奠定学生生命和谐发展的心理基础,塑造学生健康的人格。

  本课程秉持"以生为本、以情导行"的理念,尊重每一个学生的独特体验,让学生由内心深处感受身边的一点一滴恩情,搜集令自己感动的人和事,让学生在情感中升华认识,在活动中实践力行,做一个知恩图报、人格贤善的新美少年。

 课程目标

  1. 初步体会来自他人的关爱,懂得"知恩",明白每个人每时每刻都在享受父母、老师、朋友、他人、学校和社会的恩惠。

2. 学会感恩，明白心怀感恩是做人的根本，能形成与人为善、乐于助人的良好品德和健全人格。

3. 在活动中学会"施恩"，拥有热情、宽容的心态，学习崇高的奉献精神，不图名利地去帮助那些需要帮助的人。

 课程内容

　　课程以每年的三月为实施时间段，发动四年级的学生参与到感恩活动中，通过班会和年级联合主题中队会的形式，有前期的教育准备，同时也有中队会的活动呈现，更有落实到生活中的一言一行，让每一个学生都参与其中，受到一次次全面而深入的感恩教育。

　　(一)感恩父母：感受生活中父母爱的细节，为他们做力所能及的事，并学会和父母和谐融洽地交流。在学校的组织下，开展给父母说一次知心话，为父母过一次生日，给父母送一次礼物，为父母揉一次腰、捶一次背、洗一次脚，帮父母做一次饭等活动。

　　(二)感恩老师：感受老师博大的师爱，并试着用自己的方式回报这份爱。如开展给老师写一封信、谈一次心、做一张贺卡、献一束鲜花、提一个建议、表一份决心、写一首诗、交一份完美作业等活动。

　　(三)感恩朋友：明白"朋友"这个词的真正内涵，懂得什么样的朋友值得珍惜。开展给朋友写一封真情信、说一句知心话、做一件暖心事等活动。

　　(四)感恩大自然：通过阅读、交流、观看视频等活动，知道大自然是我们无形的守护神，她倾其所有为我们所用，所以我们要珍惜、要爱护、要感恩大自然，并从身边点滴小事做起，比如开展植树护绿活动、拾起一张纸屑、节约每一滴水、不浪费粮食等活动。

课程实施

本课程计划在三月启动,历时一月。在这期间,全校四年级同学都将参与到感恩活动中来,从知恩、感恩、报恩到施恩,一步步实现品行的完善和人格的成长。

(一) 关注点滴知恩情

1. 各班举行主题班会,讨论我们的生活离不开谁,哪些人给我们的生活带来了保障。用笔记下生活中为自己带来快乐、温暖和成长的人和事,知道我们应该怀着感恩的心对待这一切。

2. 开展以感恩为主题的征文、手抄报比赛,寻找身边的感动。

(二) 敞开心扉感恩情

开展联合主题队会,通过情景表演、舞蹈、歌曲、朗诵和互相说心里话的方式表达自己对父母、老师、同伴的感恩。

(三) 落实行动报恩情

开展为父母过一次生日,给父母送一次礼物,为父母揉一次腰、捶一次背、洗一次脚、做一次饭等活动,以及给老师做一张贺卡、献一束鲜花、提一个建议、表一个决心、写一首诗歌,我当一天爸爸(妈妈)等活动报答父母老师的恩情,同时,为身边的小伙伴做一件事。

(四) 胸怀大爱施恩情

通过诗歌朗诵、环保行动等方式感恩大自然、保护大自然。走上街道,走进社区,走进孤儿院,走进贫困山区,争当小义工,献出自己的爱心,用自己的大爱诠释感恩的内涵。

 课程评价

(一) 过程评价:关注学生在课程学习中学习兴趣、学习态度、积极性、参与程度等方面。

（二）展示性评价：对学生所写的感恩习作、手抄报、书法作品、摄影作品等在全校进行展示，在激励学生的同时也促进学生相互学习。

《感恩三月》系列活动评价表

评价指标	分值	评价			
		自评（20%）	家长评价（30%）	教师评价（30%）	小伙伴评价（20%）
活动积极参与	20				
感恩系列作品	30				
队会表现	20				
平时行为表现	30				
综合评价					
评定等级					

（课程开发者：傅代裕）

粽香飘飘迎端午

适用年级：一至六年级（必修）

 课程背景

　　《粽香飘飘迎端午》节庆课程是庆祝我国传统节日——端午节的文化传承实践课程。农历五月初五是我国的传统节日——端午节,距今已经有两千多年的历史了。端午节的习俗也很讲究:挂钟馗像驱魔,挂艾叶菖蒲辟邪,一年一度的赛龙舟,家家包粽子、吃粽子等等,爱喝酒的人在这一天也把酒换成了雄黄酒。本课程正是挖掘这些历史文化资源,引导学生进行综合性学习。

　　在这个互联网、自媒体、全球经济文化共同体的时代,国外的思想一波一波地冲击着青少年的眼球,这样的大背景下,让学生们知道我们是谁,我们从哪里来,我们的祖先有哪些传统的文化,是非常重要的。本课程对于传承我国传统的端午文化具有重要的意义:能让学生们回归到祖国灿烂的文化摇篮,在浓浓的传统节日文化氛围浸润下,感受我们祖先血脉中的文化自觉和文化自信。

　　本课程的理念是"实践参与,文化传承",以丰富而有趣的活动为载体,引领全校师生共同参与,让传统文化元素自然地浸润学生心田,在弘扬与传承传统文化中培养学生的爱国情怀,弘扬社会主义核心价值观。

 课程目标

　　1. 了解端午的来历、习俗,知道端午是祖国的传统节日,其文化内涵是爱国孝亲、驱邪避毒、乘龙发祥。

2. 了解爱国诗人屈原的动人事迹，感悟屈原的爱国情怀，学会朗诵与端午相关的诗词歌赋，为祖国的传统文化感到骄傲和自豪。

3. 经历 DIY 粽子的过程，并乐意与同伴分享。

 课程内容

本课程以"粽香飘飘迎端午"为主题，分三个模块开展活动。每年的内容可以依据活动开展情况作相应的调整。

（一）百科端午

学生通过查资料、办手抄报，了解和宣传端午的来历、习俗及文化内涵。

（二）文化端午

吟诵与端午相关的诗词歌赋，尤其是与屈原相关的内容，拉近学生和传统文化之间的距离。

（三）玩转端午

组织学生与家人一起经历 DIY 粽子的过程，并与同伴分享。

 课程实施

每年端午节所在的那一周，由学生活动中心统一组织，调动全校学生、老师、家长共同参与，全面接受一次传统文化的洗礼，促进学生成长为胸怀祖国的新一代新美少年。

活动启动：利用周一集体朝会的时间，由学校学生活动中心组织开展启动仪式。

（一）百科端午——我眼中的端午

1. 利用课余时间，由班主任组织学生以小组为单位（4—6 人为宜），通过上网查询、查阅资料等途径了解端午的来历、习俗及文化内涵，了解屈原及其爱国情怀。

2. 以小报的形式展示学习成果（一、二年级完成剪贴报，三至六年级完成手绘报或者电脑制作报，每班选取 5 份上交学生活动中心）。

（二）文化端午——诗人眼中的端午

1. 利用课余时间，学生和同伴、家长自由吟诵与端午（尤其是与屈原）相关的诗词歌赋。

2. 利用班队会时间，班主任组织学生开展诗词歌赋诵读、接龙及讲述屈原故事等竞赛活动，为优胜者颁发奖状，并将获奖名单上报学生活动中心（每班获奖人数比例为25％，班级自定竞赛内容及规则，提倡邀请家长参加）。学校学生活动中心做好巡查工作并做好记录。

（三）玩转端午——粽子 DIY

1. 利用课余时间，学生以小组为单位上网查询、学习粽子的制作方法，并做好原材料及电饭煲或电饭锅等的准备工作。编制好五色绳环（需要得到家长的支持和帮助）。

2. 利用周五下午上课时间，学生在班上现场 DIY 粽子，在制作中培养创新精神和实践能力，体会同伴合作互助的快乐。一、二年级用橡皮泥捏，三至六年级实物制作（三、四年级可以包白粽，五、六年级可以包馅料粽）。班主任做好组织工作，学校后勤服务中心做好服务工作，学生活动中心做好巡查工作并做好记录（提倡邀请家长参加）。

3. 美味粽子同分享。班主任用雄黄酒在学生的额头上画上表示吉祥如意及驱虫辟邪意义的万字符，学生相互赠送编制好的五色绳环，在分享中感悟师生情谊。一、二年级事前自行带一个粽子到学校，也提倡三至六年级事前做好准备，有备无患。

4. 粽子选美赛。班级自定标准，评选本班的"粽子小姐"，颁奖并上报学生活动中心。每班 5 个名额。（建议：从造型、馅料、创意等方面评选最佳创意粽子、最上镜粽子……)

5. 家庭共度端午佳节。学生将家里好的活动方式及时回传给班主任，班主任收集后，挑选最有创意或推广价值的活动上报学生活动中心。

活动小结：利用再下一周的集体朝会时间，由学生活动中心对活动的开展情况作总结，表彰活动中的优秀班级。

激发孩子的成果意识，每一次习作完后都要进行修改和欣赏，最后形成每个人的习作集，选择好的作品进行投稿，让孩子体验作品发表的乐趣，获得成就感。

 **课程评价**

（一）展示性评价(小报、诗词歌赋竞赛及讲故事竞赛、粽子 DIY。)

（二）激励性评价(班级上报的获奖名单和活动剪影通过学校广播站、学校 LED 屏滚动播出，学生活动中心依据班级上交的活动小结、学生小报、DIY 粽子照片等的质量及巡查到的情况评选出优秀班级，在集体朝会中给予表扬，并纳入期末班级评优考核。)

《粽香飘飘迎端午》课程实施检查记录表

班级	小报		DIY 粽子		活动小结		家庭活动	巡查情况	
	按时交份数	质量好份数	按时交份数	质量好份数	按时交	质量好	有创意或推广价值	有组织	有秩序

（课程开发者：唐冬梅）

绿色行动

适用年级： 三年级（必修）

 课程背景

　　绿色是春天的颜色，是大自然的颜色，象征着活力、象征着希望、象征着健康。我校开设《绿色行动》活动课程，以 6 月 5 日世界环境日为契机，旨在培养学生绿色环保意识，使其养成良好的低碳绿色生活行为习惯。

　　随着全球科技越来越发达，人们的生活也越来越方便，而地球的破坏、空气的污染、资源的枯竭也越来越严重，这是我们这一代以及下一代都必须关注的重大问题。本课程的实施，对于引导孩子关注地球生态、培养世界眼光具有重要意义。

　　本课程秉持"全员参与、以小见大"的理念，通过一系列学习，让学生从环保现状、环保的范围以及力所能及的环保事业等方面不断接触环保知识；其次，利用课余时间带领学生亲身体验，强化学生的环保意识，积极开展环保教育，让学生明白环保离我们并不遥远，它就在生活的点滴细节之中。

 课程目标

　　1. 学习环保科学知识和环保法律知识，并将知识转化为能力和方法，树立良好的环境道德观念，养成良好的环境保护习惯。

　　2. 参加环保特色活动，形成正确的环保态度和价值观念。

课程内容

以环境保护为核心，关注环保百科知识，倡导绿色生活，学会变废为宝，珍惜生命之源，重视空气污染等问题，将课程内容分为以下五大板块：

（一）环保百科

1. 了解并关注环保纪念日：国际湿地日、世界水日、世界气象日、地球日、世界无烟日、世界环境日、世界防治荒漠化和干旱日、世界人口日、国际保护臭氧层日、世界动物日、世界粮食日……

2. 懂得公民环保行为规范：学习节水为荣、监护水源、一水多用、阻止滴漏、慎用清洁剂、关心大气质量、随手关灯、节用电器、减用空调、支持绿色照明、利用可再生资源、做"公交族"、当"自行车英雄"、减少尾气排放、用无铅汽油、珍惜纸张、使用再生纸等环保百科知识。

3. 采用知识宣讲、手抄报、发传单等形式，学习和宣传环保知识。

（二）低碳生活

1. 倡导绿色低碳生活，开展不使用一次性塑料袋、一次性餐具活动。

2. 提倡低碳出行，尽量乘坐公共交通工具，倡议班级和家庭开展垃圾分类等活动。

（三）变废为宝

1. 开展生活中的废物利用活动：塑料瓶通过修剪可以变成美丽的花瓶、易拉罐可以变身为时尚的笔筒、废报纸可以被剪裁为百变的装饰品……

2. 变废为宝作品展示评比。

（四）生命之源

1. 知道水是生命之源。人类的生存需要水，我们的生活和经济社会系统的运转都离不开水这一基本物质。

2. 开展"我为节水提建议"活动,把好的建议应用于学校和家庭生活中,并为提出好建议的学生颁发"节水金点子奖"。

（五）还我蓝天

1. 知道我们生活的天空正严重地被污染,污染物占据了我们大量的生活空间,甚至有些看不见、摸不着,伤人于无形。我们原本那片广阔的蓝天也逐渐变得狭窄。

2. 开展无烟校园和无烟家庭行动,通过观看专题片、观察记录等方法进行大气污染调查,开展调查报告评比活动。

 课程实施

将每年的世界环境日所在的那一周,作为本课程发起的时间,由年级组长牵头,组织三年级全体同学进行集中学习和开展社会实践活动,让环保理念深入学生的内心,内化为自觉的行为。

（一）抓宣传阵地,普及环保知识

利用国旗下的讲话、红领巾广播站、环保班队活动、各学科环保渗透课、手抄报等形式大力宣传绿色环保的理念,普及环境保护百科知识,积极倡导绿色环保理念,让每一位学生和他们的家庭都参与到活动中来。

（二）抓实践活动,落实绿色行动

通过开展"变废为宝"、"绿色卫士"、"低碳出行"、"无烟家庭"、"垃圾分类"、"节水行动"等系列活动,让每一个学生将学到的环保百科知识运用于生活中,促进学生的环保低碳行为的开展。

（三）抓家校联系,创建环保家庭

加强与家长联系,家校共育,开展"小手拉大手"活动,让更多的家庭积极参与到环保行动中,让学生的教育可以持久并延续到社会,产生更大的影响力。

（四）抓过程评比，深化环保意识

在活动过程中，通过展示、评比"绿色之星"、"绿色班级"、"绿色家庭"促进环保意识的进一步内化和深化，让绿色环保意识深入人心，成为一种长效行为。

 课程评价

（一）展示性评价：采用手抄报、变废为宝作品等展示促进学生学习环保知识，落实绿色行动。

（二）激励性评价：通过评比"绿色之星"、"绿色班级"、"绿色家庭"对学生行为进行激励（总分 90 以上者具有评星资格）。

（课程开发者：周静）

月是故乡明

适用年级： 一至六年级（必修）

 课程背景

  《月是故乡明》节庆课程是在中秋节开展的一次全校性中国传统文化综合性学习实践课程。中华民族历史悠久，源远流长，传统节日是中华文化中光辉灿烂的一笔。

  时下的校园，不少的学生言必称"明星"，行必捧"日韩"，对于圣诞节、万圣节等洋节颇有了解，颇感兴趣，但对于祖国的传统节日及蕴含其中的中华文化知之不多，兴趣缺失。《月是故乡明》课程的开展，有助于引导青少年对于本民族文化产生文化自觉和文化自信，激发学生的家国情怀和民族自豪感。

  本课程秉持"欢乐节日，文化传承"的理念，全员参与，针对不同年级的学生，开展适合他们年龄特点的活动，以丰富有趣的活动为载体，引导学生了解中秋这一传统节日中的文化内涵，让传统文化元素自然地浸润学生心田。

 课程目标

  1. 了解中秋的来历、习俗，知道中秋是祖国的传统节日，其文化内涵是团圆、喜庆、祥和、庆丰收。

  2. 会朗诵与中秋相关的诗词歌赋，为祖国的传统文化感到骄傲和自豪。

  3. 体验 DIY 月饼，并乐意与同伴分享。

课程内容

　　本课程以"月是故乡明"为主题，分三个模块开展活动。每年的内容可以依据活动开展情况作相应的调整。

　　（一）走进中秋。了解中秋的来历、习俗及文化内涵。

　　（二）感悟中秋。吟诵与中秋相关的诗词歌赋，拉近学生和传统文化之间的距离。

　　（三）玩转中秋之一——月饼中的中秋。做（橡皮泥或实物）月饼，分享、评选。

　　（四）玩转中秋之二——与家人共度中秋佳节。

课程实施

　　学校利用中秋节那一周时间，由学生活动中心组织，发动全校师生及学生家长积极参与，在学校教室、操场和学生家里等地点，开展一系列学习和实践活动，使中秋文化入脑入心，根植于学生的血液中。

　　由教学研究中心利用周一集体朝会的时间全面启动，当周依次开展系列庆祝活动，确保人人参与。

　　（一）走进中秋——我眼中的中秋

　　1. 利用课余时间，由班主任组织学生以小组为单位（4—6 人为宜），通过上网查询、查阅书籍等途径了解中秋的来历、习俗及文化内涵。

　　2. 以小报的形式展示学习成果（一、二年级做剪贴报，三至六年级完成手绘报或者电脑制作报，每班选取 5 份上交学生活动中心）。

（二）感悟中秋——诗人眼中的中秋

1. 利用课余时间，学生和同伴、家长自由吟诵与中秋相关的诗词歌赋。

2. 利用班队会时间，班主任组织学生开展诗词歌赋诵读、接龙等竞赛活动，为优胜者颁发奖状，并将获奖名单上报学生活动中心（每班获奖人数比例为 25％，班级自定竞赛内容及规则，提倡邀请家长参加）。学校学生活动中心做好巡查工作并作好记录。

（三）玩转中秋——月饼中的中秋

1. 利用课余时间，学生以小组为单位上网查询，学习月饼的制作方法，并做好准备原材料、平底锅、微波炉或电磁炉等的准备工作（需要得到家长的支持和帮助）。

2. 实地参观。联系重庆老牌月饼企业——冠生园，带学生到工厂参观月饼的制作流程，并请工人师傅讲解月饼制作的相关知识。

3. 动手制作。在家长的帮助下，学生自己动手制作月饼，鼓励大胆创新，做出有创意的月饼，并赋予它特殊的含义。

4. 走进社区。把自己亲手制作的月饼送到社区孤寡老人家里，和他们共度愉快时光，让老人们感受到家的温暖，培养学生的爱心和担当精神。

5. 家庭共赏中秋月。中秋当天，全家共同赏月、吃月饼、玩飞花令。学生将家里好的活动方式及时回传给班主任，班主任收集后，挑选最有创意或推广价值的活动上报学生活动中心。

活动小结：利用再下一周的集体朝会时间，由学生活动中心对活动的开展情况作小结汇总，表彰活动中的优秀班级。

 课程评价

（一）过程性评价（参与度、诗词歌赋背诵情况、月饼 DIY 制作情况。）

（二）激励性评价（班级上报的获奖名单和活动剪影通过学校广播站、学校 LED

屏滚动播出,学生活动中心依据班级上交的活动小结、学生小报、DIY 月饼照片等的质量、家庭活动情况及巡查到的情况评选出优秀班级,在集体朝会中给予表扬,并纳入期末班级评优考核。)

《月是故乡明》课程实施检查记录表

班级	小报		DIY 月饼		活动小结		家庭活动	巡查情况	
	按时交份数	质量好份数	按时交份数	质量好份数	按时交	质量好	有创意或推广价值	有组织	有秩序

(课程开发者：唐冬梅)

祖国在我心中

适用年级：一至六年级（选修）

 课程背景

  《祖国在我心中》节庆课程是对未成年人进行思想道德教育的重要课程,是培养少年儿童胸怀祖国,落实社会主义核心价值观的实践性课程。对于小学生而言,爱国不是大口号,而应该是落实到学习和生活实际的点点滴滴,本课程就是以国庆节为契机,落实爱国主义教育。

  屠格涅夫说："没有祖国,就没有幸福,每个人必须植根于祖国土壤里。"祖国的存在和发展是个人生存和发展的前提,古今中外无数先贤用深情的话语、真挚的情感表达了自己的爱国情怀,热爱自己的祖国是每一个公民应该具有的价值观念和情感取向。本课程的实施具有重大的意义：爱国是践行社会主义核心价值观的具体体现,是为实现中华民族伟大复兴梦而努力的内在动力,实施爱国主义教育是教育者义不容辞的责任。

  本课程秉持"知我中华,爱我祖国,实践为主,知行统一"的理念,以丰富而有趣的活动为载体,引导学生多方面、多途径地了解自己的国家,在学生的心田里播下爱国的种子。

 课程目标

  1. 了解中华人民共和国成立初及近十年来祖国在政治、经济、外交、军事、航天、民生等方面的情况,在对比中感悟祖国的发展、变化,为日益强大的祖国感到骄傲和自豪。知道国家富强、民族振兴、人民幸福是中华民族伟大复兴梦的核心内容。

2. 能用自己喜欢的方式过一个有意义的国庆节,感悟个人的梦想和中国梦息息相关。

 课程内容

本课程以"祖国在我心中"为主题,分三个模块开展活动。每年的内容可以依据活动开展情况作相应的调整。

(一)透过影视看祖国——组织学生观看爱国主义影片,用经典传承爱国情怀,激发爱国情操。(推荐片目:《国歌》、《开国大典》、《建党伟业》、《甲午海战》、《三大战役》、《小兵张嘎》……)

(二)今昔对比话祖国——收集中华人民共和国成立初及近十年祖国建设情况,在对比中认识祖国。

(三)我和我的祖国——用自己喜欢的方式过一个有意义的国庆节。

 课程实施

每年国庆节所在的那一周,由学生活动中心统一组织,调动全校学生、老师、家长共同参与,全面接受一次爱国主义精神的洗礼,促进学生成长为胸怀祖国的新一代新美少年。

本课程全体参与,针对不同年龄段的学生开展适合他们的不同的活动,在活动中育人。

活动启动：利用周一集体朝会的时间，由学校学生活动中心组织开展启动仪式。

（一）透过影视看祖国

1. 利用周一下午的时间，组织学生观看爱国主义影片。分年段选择观看内容。电教组负责影片的准备、播放，学生活动中心负责巡查收看情况。

2. 三至六年级的学生以"一句话影评"的方式反馈观后感。每班选取 5 份上交学生活动中心。

（二）今昔对比话祖国

1. 利用课余时间，学生以小组为单位，选取自己感兴趣的角度，对中华人民共和国成立初及祖国近十年的建设情况作专题性了解。

2. 利用班队会时间，班主任组织学生开展"今昔对比话祖国"主题队会活动选出大家公认的成就，编辑整理"祖国大事记"。

3. 学生活动中心将收集到的大事记整理并以"厉害了，我的国"为题发布到学校微信公众号，倡导全校师生及家长为祖国的成就点赞。

（三）我和我的祖国

1. 利用国庆假期，用自己喜欢的方式过一个有意义的国庆节。在欢乐、祥和的节日氛围中进一步感悟个人与祖国同呼吸、共命运，让爱国的种子不断发芽、生长。

2. 学生将自己的过节方式及时回传给班主任，班主任收集后，挑选最有创意或推广价值的活动上报学生活动中心。

活动小结：利用再下一周的集体朝会时间，由学生活动中心对活动的开展情况作小结汇总，表彰活动中的优秀班级。

 课程评价

（一）展示性评价（祖国大事记、主题队会。）

（二）激励性评价（学生活动中心依据班级上交的"一句话影评"、"祖国大事记"、巡查观看影片情况、开展队会情况评选出优秀班级,在集体朝会中给予表扬,并纳入期末班级评优考核。）

《祖国在我心中》课程实施检查记录表

班级	一句话影评		祖国大事记		主题队会		家庭活动	巡查情况	
	按时交份数	质量好份数	按时交份数	质量好份数	按时交	质量好	有创意或推广价值	有组织	有秩序

（课程开发者：唐冬梅）

铭记"11.27"

适用年级： 五年级（必修）

 课程背景

　　《铭记"11.27"》活动课程是一个弘扬红岩精神、祭奠革命先烈的革命传统教育实践课程。对于每一个重庆人来说，"11.27"是个刻骨铭心的日子：解放前夕，蒋介石在重庆市歌乐山渣滓洞和白公馆关押罗世文、江竹筠（江姐）、李青林等共产党员和进步青年，试图问出共产党的机密。以江姐为代表的共产党人经受住严刑拷打、威逼利诱，始终保持高尚的革命情操和坚定的理想信念，与敌人作斗争。1949 年的 11 月 27 日，国民党特务对关押的 200 多人进行惨无人道的集体屠杀，史称"11.27"惨案。革命党人表现出的坚贞不屈的红岩精神，值得我们继承弘扬。

　　少年智则国智，少年强则国强。学生是祖国的未来，铭记历史方能担当大任。开展"11.27"革命传统教育课程，旨在让学生们懂得今天和平的来之不易，向革命先烈学习，从小立志向、有梦想、有信仰，爱学习、爱劳动、爱祖国，积极践行社会主义核心价值观，为实现中华民族伟大复兴的"中国梦"而不断努力。

　　本课程秉持"红岩教育，实践立志"的理念，以革命教育书籍《红岩》为依托，以渣滓洞、白公馆、歌乐山烈士陵园为活动基地，开展一系列实践教育活动；以学生们的阅读、参观、扫墓、演讲、征文等活动为载体，让每一个学生都经受一次心灵的洗礼，给他们的成长奠定爱国、理想的精神底色。

课程目标

1. 了解重庆解放的历史，学习红岩精神，使红色基因代代相传。
2. 通过实地参观、祭奠英烈等形式，懂得珍惜今日幸福生活。

 课程内容

"11.27"前，通过国旗下讲话、广播站、电视台等阵地讲红岩故事，号召学生学习红岩英烈，在校园营造浓厚的纪念氛围，为"11.27"纪念活动做铺垫。重点在五年级开展以下主题教育实践活动：

（一）红岩精神入脑。阅读革命书刊《红岩》，深入了解红岩精神。以班级为单位，开展读、讲《红岩》故事，朗诵红岩诗歌等活动，充分了解这段历史，感受江姐等人物的内心世界和理想信念，从榜样中汲取力量。

（二）红岩精神入心。组织五年级全体师生参观渣滓洞、白公馆、烈士纪念碑，看现场，听讲解，扫墓，祭奠英烈，让红岩精神深入学生的内心，并引发思考：是什么支撑他们经受住严刑拷打和威逼利诱？

（三）红岩精神导行。参观结束后，引导学生写观后感、读后感，组织学生们开展征文、演讲比赛，引领学生树立理想信念，让红岩精神落实到学习生活的点点滴滴。

 课程实施

每年"11.27"前夕，利用周一早上的集体朝会时间对全校师生进行纪念活动的动员和红岩精神学习的讲话,针对五年级学生进行为期一周的革命传统实践教育,其中实地参观时间为一天。通过一系列的阅读、参观、写作、演讲,让学生受到爱国主义教育,树立远大的理想。

本课程是一个综合实践性课程,重在让学生们亲身实践、体验感悟、深入了解重庆解放的相关历史资料,感受革命者坚贞不屈的理想信念,学生们通过这样的方式,受到心灵的感动和震撼,自然而然生出自己的理想和报效祖国的念头,让核心价值观入脑入心,并转化为实际行动,立志做敢于担当的新美少年。

(一)阅读交流

在五年级全体学生当中开展红岩书刊、诗歌阅读活动,通过推荐、交流、讲红岩故事、诗歌朗诵等形式,打开历史的画卷,让学生走进这段历史、铭记这段历史。

(二)祭奠活动

1. 学生每人准备小花环,学校准备花篮,到歌乐山开展祭奠活动。

2. "11.27"当天,五年级全体学生参观渣滓洞、白公馆,了解革命者被残酷迫害的悲壮历史,听讲解员讲革命烈士们不屈不挠的抗争故事,沿着烈士们曾经的足迹追溯历史,缅怀先烈。

3. 到歌乐山烈士陵园开展纪念活动,献上学生们准备的菊花,在烈士墓前对着先烈的英灵庄严宣誓,让红岩魂扎根在每个学生的心里。

(三)知行合一

1. 参观结束后,学生们写下自己的感受,班级组织讨论。

2. 讨论:什么是红岩精神?红岩精神怎样融入我们的学习和生活?

3. 组织"红岩精神伴我成长"演讲比赛,扩大活动影响,进一步引导学生树立远大理想。

 **课程评价**

展示性评价:阅读红岩书刊及诗歌,举行讲故事和诗歌朗诵的展示;参观结束后

进行观后感的展示；最后进行演讲比赛的展示评价。

演讲比赛评分表

评 价 指 标	分值	评 价			
		自 评（20%）	互 评（30%）	指导教师评价（50%）	综合评价
阅读展示	20				
参观表现	30				
观后感	25				
演讲	25				
综合评价					
评定等级					

（课程开发者：周静）

明天，你好！

适用年级：六年级（必修）

 课程背景 ————————————————————————————

　　时间是向上攀登的阶梯，小学生活的结束预示着一个全新阶段的到来。感恩过去，把握现在，展望未来，正是《明天，你好！》毕业课程的内涵。本课程通过一系列实践活动，引领学生们回顾自己的小学历程，激发学生对明天的憧憬与期盼，让学生们一步一步遇到更美的自己。

　　从懵懂无知的初入学，到逐步适应小学生活，再到小学高段，学生成熟懂事了许多，但也到了对自我认知模糊的年龄，站在了叛逆期的入口。天真烂漫，不谙世事，对恶作剧、无意识违法行为好奇而渴望尝试，这些或许在他们的心中仅仅是别样的表达情绪的方式，但实际上却充满了危险。而今，专门针对小学毕业生的课程《明天，你好！》应运而生，课程通过老师的相应指导，加强学生理想信念教育，帮助孩子们进一步明确学习目标、树立远大理想。

　　本课程秉持"人人参与感恩、自主规划未来"的理念，与常规毕业典礼、毕业演出不同，课程内容侧重于帮助学生牢记母校校训，在回忆六年美好生活、学会感恩的同时，自主参与了解初中的学习生活状况，继而更加明确学习的目的，顺利适应初中生活。

课程目标

1. 围绕"成长、感恩"主题,回忆小学生活的点点滴滴,用感恩之心铭记校训。

2. 明确理想、坚定信念。树立远大理想,在"理想信念"相关教育活动中探索学习意义,挖掘人生兴趣,确定人生目标,寻找生活的榜样。

3. 接触初中,憧憬未来。通过参观初中校园,与初中生活零距离接触,对初中生活产生美好憧憬。

 课程内容

（一）回忆过去——难忘的小学生活

1. 追溯成长足迹:学生回顾个人和集体的成长经历,懂得成长既要靠自己的努力,也离不开学校的关怀、老师的教导和同学的帮助,进而启发感恩之情。

2. 依依惜别昨日:学生用歌唱、朗诵等多种形式表达对老师、同学、母校的依依惜别之情。

（二）成长感悟——理想信念渐成形

1. 初步了解国家:学生了解国家成立的历史,明白现在生活的来之不易,珍惜当下,为寻求理想与信念做铺垫。

2. 进一步学先辈:鼓励学生树立远大理想、坚定信念,为实现"中国梦"而努力学习。

3. 恰同学正少年:激发向上之气,激励学生积极向上。

（三）展望未来——初中生活,我来了

1. 参观初中校园:学生在参观过程中进行对比,找到与小学的不同之处,熟悉环境,适应变化。

2. 学生感受初中生活：深入课堂,真切体验初中学习生活。

 课程实施

(一) 流程设计

1. 进行启动仪式,学校学生活动中心介绍"毕业课程",校长、学生代表、教师分别讲话。

2. 设计心愿卡与成长纪念册,在老师指导下,进行形式多样、内容丰富、体现学生心路历程的设计,内容包括"我的自画像"、"最得意的一件事"、"最得意的一件作品"等,表达形式为写、画、贴;并以班级为单位举行展示活动,学生相互交流、参观。

3. 收集资料制作学校毕业纪念册。

4. 以班级为单位开展毕业主题活动。

5. 启动毕业典礼,展示班级学生心愿卡,毕业礼定为"回忆篇、现实篇、未来篇",宣读毕业生名单,颁发证书,赠送毕业纪念册。

(二) 班级任务

通过阅读、观看、参观、展示等方式,融入活动,回味小学成长历程,展望美好初中生活。

(三) 课程时间

共需 20 课时,每周 1 课时,每课时 40 分钟,以一学年为一个教学周期。

(四) 实施细节

单元	专题	主要内容及要求	课时
难忘的小学生活	追溯成长足迹	1. 学生代表演讲,释义成长。 2. 进行主题茶话会,让学生讲述自己六年来记忆犹新的趣事。	4

续　表

单元	专题	主要内容及要求	课时
	依依惜别昨日	1. 播放音乐，渲染离别氛围。 2. 朗诵诗词歌赋，向小学生活道别，表示感恩。	4
理想信念教育	初步了解国家	播放《开国大典》，进行思想教育，了解国家历史。	3
	进一步学先辈	讲述革命先辈求学故事，珍惜当下。	2
	恰同学正少年	1. 阅读《恰同学少年》，感受少年意气。 2. 分享自己的理想，引导学生敢于想象，树立远大理想。	3
初中生活，我来了	参观初中校园	1. 参观初中学校，进入教室。 2. 有序进行观摩，避免打扰初中上课。	2
	感受初中生活	1. 邀请初中老师上衔接课，尽快适应初中。 2. 聆听初中生介绍初中学习的经验，向学长学姐学习。	2

（五）教学场地

本班教室、初中校园。

（六）课程资源

六年级语文"第六组综合性学习：难忘小学生活"、互联网、多媒体课件、音像资料等。

（七）参与对象

六年级全体学生。

 课程评价

（一）以各阶段主要任务为评价指标。

（二）按照自评、互评、指导教师评价相结合的原则考评,形成综合评定等级。其中,自评权重为 20％,互评权重为 30％,指导教师评价权重为 50％。

（三）学生评价等级分为优、良、合格与待合格四级。85 分及以上为优秀,70 分至 84 分为良好,60 分至 69 分为合格,60 分以下为待合格。

毕业课程评价表

活动阶段	评价指标	分值	评价			
			自评 20％	互评 30％	教师评价 50％	综合评价
难忘的小学生活	1. 制作个人成长纪念册。	30				
	2. 积累"送别"诗至少 10 首。	10				
	3. 自己撰写离别赠言至少 2 则。	10				
理想信念教育	1. 观看建国历史类影视 2 部。	10				
	2. 阅读《恰同学少年》。	20				
初中生活,我来了	1. 参与"参观中学校园"活动。	10				
	2. 简单列出初中的成长目标。	10				

（课程开发者：罗鸿）

第二章　达美言语：破译成长的密码

　　　　语言是思想的寓所。思想，可以存在于或朴实或华美的文字里，也可以存在于或婉转或粗犷的声音里，甚至还可以仅仅只是附着于我们的脑海之中。然而，无论它遁迹于何处，思想总是和语言相伴随的。语言是人的心声，是人的灵魂的闪动。它徜徉于我们跳动的脉搏，穿行在人类文明的历史长河之中。就像诗里写的那样："你见，或者不见我，我就在那里，不悲不喜。"当笔停驻于纸上的那一刻便是心田智慧的开始，而这一刻变得雅致而神圣。真正从你笔下流淌出来的文字，便是你心灵的声音，它带着你内心的期许，谱成一篇篇乐曲。

　　"达美言语"课程是国家课程校本化和校本课程精品化的言语能力课程，包含了语文、英语等国家课程和拓展课程，根据适用情景，分为了三大类。一是阅读涵养类，包括绘本童书馆、国学启蒙、诗海拾贝、经典童书馆、诗海畅游、词苑撷英、品味经典、古文学堂、名著赏析；二是生活表达类，包括趣味童谣、童语童趣、经典绘本屋、童言童话、童眼童心、小小辩论家、萌动 ABC、魔力 Phonics、疯狂 Reading、读书节；三是艺术表演类，包括童话故事屋、小小故事家、小小主持人、小记者社团、剧本沙龙、小小表演家、小小演说家、英语 Carnival。这些课程通过晨诵、午读等形式来帮助学生丰富语言积累，增强对语言材料的感受、理解，增强语感，拓展思维，运用语言，进行言语实践。

　　语言是民族文明和文化的标志，语言形象是人的整体素养的重要组成部分。贴近生活、贴近自然、贴近生命本身，就是语言的真谛。"达美言语"课程是传承与开放的，富有活力；是丰厚与自主的，富有选择；是创新与达美的，富有生命力。让我们站上更高的山峰，望见更远的风景。

（闫思兰）

经典绘本屋

适用年级：一年级（选修）

课程背景

　　"绘本"这一词语最早出现于日本，意思为画出来的书，是一种以绘画为主体，同时带有少量文字的书。在绘本中，图画不仅承载着独特的文字内涵，而且拥有自身独一无二的价值。世界优秀绘本是美术、教育、文学三者完美结合的作品。

　　国际公认"绘本是最适合幼儿阅读的图书"。幼儿期是一个人形象思维发展的黄金时期，彩色的绘画能够给学生带来更直接的视觉震撼，进而加深学生在视觉和心灵上的体验和记忆，这是黑白的漫画或纯文字远远不能比拟的。

　　《经典绘本屋》课程通过优秀绘本的阅读熏陶，提高儿童的早期阅读能力；促进儿童社会性、情感性及思维的发展；对儿童语言、情绪、想象力产生影响，最终服务于儿童精神的建构、多元智能的培养。

　　本课程的理念是：读经典绘本，悟做人道理。由于本课程针对一年级学生，所以选取的是浅显易懂的世界优秀绘本，通过教师范读、音乐渲染、学生续编绘本故事、学生创作绘本等方法让学生感受到绘本的魅力。学生在一次次的绘本阅读和创作中释放自己，把自己的生活情感投入到绘本创作中去，成为小小绘本创作家。

课程目标

　　1. 了解绘本的历史、艺术特征和制作流程，学会欣赏绘本作品，并从中领会到美好的精神意境和正确的价值观。

2. 初步掌握绘本的简单制作方法,学习运用简单的语言,尝试大胆创作绘本,清楚明确地表达情感、描述故事,进行新颖、创意的训练,提升创造力。

 课程内容

本课程以"绘声绘色,畅游绘本"为主题,根据绘本内容的表现形式将绘本分为认识自己、探索自然、运用智慧、感受亲情、学会分享五个类别,具体为:

(一) 认识自己类

《哈里的大脚》、《没有耳朵的兔子》和《小猪变形记》等,绘本情感导向主要是激发学生对认识自我和成长的探究兴趣和欲望,在阅读中懂得:做自己,最幸福。

(二) 探索自然类

《我长大了》、《小蜜蜂的生活日记》和《石头汤》等,绘本情感导向为引导学生快乐分享、认识自然、亲近自然进而学会保护自然。

(三) 运用智慧类

《爷爷一定有办法》、《赶走坏脾气》、《受伤的拖拉机》等,绘本情感导向为引导学生学习遇到问题进行仔细观察和思考,尝试自己寻找方法解决问题。

(四) 感受亲情类

《像爸爸一样》、《我妈妈》、《猜猜我有多爱你》等,绘本情感导向为感悟亲情,体会到亲情的可贵;感受生活的美,进而学会发现生活之美;学会正确、大胆地讲述自己对亲人的爱,表达自己的情感。

(五) 学会分享类

《彩虹色的花》、《女孩和小熊》和《月亮的味道》等,绘本情感导向是引导学生体验与同伴共同生活的乐趣,学会付出、分享与合作,学会生活。让学生们明白我为人人,人人为我,增强学生的集体意识。

 **课程实施**

本课程通过选编教材、互联网、多媒体课件、音像资料等多种渠道获取教学资源。以一学年为一个教学周期，上期 15 课时，下期 15 课时，共 30 课时，每周 1 课时，每课时 60 分钟。实施的教学方法如下：

（一）赏读法

教师范读，学生倾听。教师配乐，有感情地朗读故事，激发学生的阅读兴趣。学生自由选择绘本中自己最感兴趣的地方反复朗读，采用同桌分角色朗读和全班比赛读等多种朗读方式，让学生充分感受世界优秀绘本语言的魅力，积累优美的语言。

（二）点拨法

引导猜想，激发想象；指导看图，教给方法。一方面，在经典绘本阅读教学过程中，重视培养学生观察能力与想象能力。教师选择绘本故事中最感人、最富想象力的图画，引导学生从色彩、明暗和细节等方面认真观察图画，根据画面内容，展开丰富的联想和想象。另一方面，教师引导学生仔细观察图画中的人物和背景，抓住人物的动作、语言和表情，按顺序讲清楚、说具体。

（三）练习法

1. 激情表演。学生分角色表演故事，借助语言、动作、神态来呈现故事，释放学生天真、童趣和爱玩的天性，加深学生的印象。

2. 改写绘本故事结局或续编故事，想象画面并画下来，配上简短的文字描述，创编属于自己的绘本故事。

 **课程评价**

本课程实施期间,主要注重对学生的过程性评价,即采用每周一次经典绘本阅读之星的评比,每月一次经典绘本阅读之星的评选。在期末时采用结果性评价和综合性评价,一方面,根据学生每周经典绘本阅读之星的星星数量,评选出本学期的"经典绘本屋阅读小明星"。另一方面,教师和学生共同建立课内、课外经典绘本阅读档案。通过运用不同的评价方式,了解学生的心理和情感,进而提供及时的帮助。同时,在评价过程当中,教师要尊重学生的人格和观点,尽可能采用鼓励性的评价语言,增强学生的自我成就感。具体的评价方法如下:

(一) 过程性评价

每周一次阅读精心准备的世界优秀绘本,挑选在阅读欣赏和读写活动中的优秀积极分子,评出"每周经典绘本阅读之星"。

每月,结合学生在绘本阅读课堂上的表现、课堂投入绘本阅读的状态和课堂交流讨论展示的情况,评选出"每月经典绘本阅读之星"。

"绘本阅读之星"评价表

学生姓名	每周经典绘本阅读之星	每月经典绘本阅读之星	其他

(二) 结果性评价

期末,根据"每周经典绘本阅读之星"和"每月经典绘本阅读之星"的得星数,评选出"经典绘本屋阅读小明星",并向学生颁发奖状。

学期末,集中考核一次,采用专项考核的方法对本学期所学绘本故事进行专项达标评价。

"经典绘本屋阅读小明星"评价表

项目	每周经典绘本阅读的星星数	课堂投入绘本阅读状态	绘本故事掌握知识情况	角色表演，毫不怯场	课堂交流讨论展示
学生姓名一					
学生姓名二					
学生姓名三					
学生姓名四					

(三) 综合性评价

教学期间，教师和学生共同建立绘本写绘作品的收集整理和课外经典绘本阅读的登记，记录学生课内、课外阅读绘本故事的情况。

课内、课外阅读绘本故事评价表

学生姓名	绘本写绘作品数量	课外阅读经典绘本	其他

(课程开发者：范海艳)

童言童话

适用年级： 三年级（选修）

 课程背景

　　《童言童话》课程的实施能培养学生的语言表达能力、想象力，并能激发学生的创造潜能。通过品读童话故事，对人物性格进行鲜明对比，还能让学生得到真、善、美的熏陶，提高学生的语文素养。

　　本课程秉持以下理念：走进童话，丰富自我。通过《童言童话》课程的学习，让学生广读童话故事，由听到讲，让内向的学生敢于表达。让学生参与表演，创编童话故事，由演到编，让学生感受走进童话的乐趣，培养创新能力、合作意识。

 课程目标

　　1. 品读童话，初步去感受童话的魅力，对童话产生想听、想学的兴趣。

　　2. 体验复述童话故事的快乐，参与表演童话，增强语言表达能力和肢体表演能力。

　　3. 在感悟的基础上，续写童话或创编童话；在主动参与、乐于探究的过程中培养想象能力、创新思维能力和写作能力。

课程内容

从校本课程《童言童话》入手培养学生的创新能力，激发学生的想象和幻想，让他们无拘无束地表达自己的真情实感，流露童心童言，发掘学生潜在的想象力。围绕以上增长点，内容分为以下五个模块。

（一）听讲童话

童话内容如《小鬼和小商人》、《老房子》、《园丁和主人》、《顽皮的孩子》等，老师讲童话故事，学生仔细倾听并学习讲故事的方法。

（二）合作表演

童话内容如《丑小鸭》、《皇帝的新装》、《卖火柴的小女孩》、《灰姑娘》等，学生分组选择其中一个故事进行排练表演，老师从语言、表情、动作上加以指导。

（三）续写情节

童话内容如《恶毒的王子》、《豌豆上的公主》、《野天鹅》、《拇指姑娘》、《小精灵和太太》等，激发学生的想象和幻想，让他们无拘无束地表达自己的真情实感。

（四）创编故事

鼓励学生选择熟悉的、贴近生活的事物进行创编。如《墨水笔和墨水瓶》、《丛林小矛盾》、《植物校园》、《文具盒王国》等。

（五）绘制美图

让学生给自己创编的童话故事配上插图，例如：使《墨水笔和墨水瓶》图文结合，最后展示并装订成册。

 课程实施

本课程通过向图书室借阅《格林童话》和《安徒生童话》等书籍，用网络查阅与童话相关的音像资料等多种渠道获取教学资源。面向三年级"童言童话"社团的学生开展教学。一学年为一个教学周期，上期 13 课时，下期 13 课时，共 26 课时。每周 1 课时，每课时 60 分钟。

（一）读童话，悟情感

给足学生读童话、悟童话的空间，以丰富的形式促进朗读的提升。使学生在朗读中有所感、有所想，同时可以培养学生的语感。

（二）乐表演，树信心

分小组进行童话表演。在读懂童话的基础上分配角色，从语言、动作、眼神等方面进行练习，使学生体验丰富的情感，树立信心、感受成功并且明白故事中蕴含的道理。

（三）理脉络，趣创编

教学中，先让学生弄清童话故事叙述的是一件什么事情，故事中的人物各自扮演了什么角色。教师指导学生抓住童话故事的完整结构、发展顺序、一波三折的情节，给学生一个完整的故事认知过程，在此基础上创编。让学生沉浸于讲故事、编故事的乐趣中。

（四）配美图，乐分享

先选出一份作品，从配图方位到图画与文字的结合逐一进行指导，分享成功配图的金点子，供其余同学参考学习。

 课程评价

（一）参与性评价：分为听讲童话、合作表演、续写情节、创编故事、绘制美图五个部分，以（3 星级至 5 星级）为评价等级。

板块	★★★ 级	★★★★ 级	★★★★★ 级
听讲童话			
合作表演			
续写情节			

板块	★★★ 级	★★★★ 级	★★★★★ 级
创编故事			
绘制美图			
总评(优秀、合格、良好)			

（二）结果性评价：期末，根据星级数量，评选出合作表演模块的"小小演员"、创编故事模块的"小小作家"、绘制美图模块的"小小书画家"等奖项，并向学生颁发奖状。

（课程开发者：李庭婷）

诗海畅游

适用年级：四年级（必修）

 课程背景

　　古诗是中国古典文化的精华,是中国文学中独有的一种文体,有其独特的格式和韵律。诗从音律的角度来划分,可以分为古体诗和近体诗两大类。而按内容分,又可分为叙事诗、边塞诗、抒情诗、山水田园诗、送别诗、咏物诗等。千百年来,我国传承下来的古诗文吸引、熏陶和浸润了无数中华儿女,滋养了无数沉浸在古诗文中的心灵,成为教育人的宝贵精神食粮。

　　语文新课标指出:"诵读古代诗词,有意识地积累、感悟和应用,可以提高学生的欣赏品位和审美情趣。""读书百遍,其义自见"、"熟读唐诗三百首,不会作诗也会吟"也很好地诠释了诵读经典古诗文的重要性。由此可见,诵读,尤其是古诗的诵读,是小学语文课堂教学中不可或缺的重要因素。基于以上认识,学校将"古诗文积累"作为特色建设项目,构建具有个性化的校本课程——《诗海畅游》,将古诗文的学习与培养学生高尚的道德情操有机地融合起来,从而丰富学生的文化知识,开发他们的智力,拓展激发他们的潜能,最终达到陶冶情操的目的,并使其成长为有良好道德素养的人。

　　我们秉承"读经典古诗,启诗意人生"的理念,通过有计划、有安排、有组织地诵读经典古诗,来拓宽学生的语文学习天地,丰厚学生的文化底蕴,为学生的终身发展打下坚实的基础。

课程目标

1. 了解我国古代一些著名的诗人及其最有代表性的诗句；借助生活实际了解诗文的意思；阅读古诗并充分发挥想象，获得一定的情感体验，领悟诗人的语言魅力。

2. 能通过诵读古诗活动，积累古诗，充分感受古诗的韵律美、语言美、意境美。

3. 大量积累古诗后，能尝试运用，能够在不同的情境中或场景中联想到适宜的诗句，实现在积累基础上的合理运用。

课程内容

本课程以"古诗词诵读"为主题，在了解古诗词作者、写作背景的基础上，反复诵读，达到熟能成诵的目的。同时再结合"观察想象古诗词中的配图"以及"根据生活实际了解诗句意思"等方法，感受语言的优美，感受古诗丰富的情感；引导学生对这些经典的诗词谈谈自己的独特感受；使学生关注自然，关爱生命，向往美好的生活。

四年级上期：

（一）描写秋天景色的诗。唐代李白的《秋登宣城谢朓北楼》、唐代王维的《山居秋暝》、唐代孟浩然的《宿建德江》、唐代白居易的《中秋月》等。

（二）描写节日的诗。唐代崔液的《上元夜》、唐代韩翃的《寒食》、唐代张祜的《正月十五夜灯》、唐代林杰的《乞巧》、唐代杜牧的《清明》、宋代王安石的《元日》等。

（三）描写田园风光的诗。晋代陶渊明的《饮酒》、唐代孟浩然的《过故人庄》、宋代范成大的《四时田园杂兴》、宋代翁卷的《乡村四月》等。

（四）描写祖国名山的诗。唐代李白的《望庐山瀑布》、《独坐敬亭山》、《望天门山》、唐代杜甫的《望岳》、宋代苏轼的《题西林壁》等。

（五）描写江河湖泊的诗。唐代白居易的《钱塘湖春行》、唐代孟浩然的《望洞庭湖赠张丞相》、唐代白居易的《暮江吟》、唐代刘禹锡的《浪淘沙》、宋代杨万里的《晓出净慈寺送林子方》、宋代苏轼的《惠崇春江晓景》、宋代苏轼的《饮湖上初晴后雨》等。

（六）描写边塞生活的诗。唐代王翰的《凉州词》、唐代卢纶的《塞下曲》、唐代李贺的《马诗》等。

四年级下期：

（一）抒发爱国之情的诗。唐代杜甫的《春望》、宋代陆游的《示儿》、宋代文天祥的《过零丁洋》等。

（二）表现亲情的诗。三国曹植的《七步诗》、唐代孟郊的《游子吟》、唐代张籍的《秋思》、唐代王维的《九月九日忆山东兄弟》等。

（三）说明哲理的诗。唐代王之涣的《登鹳雀楼》、唐代刘禹锡的《酬乐天扬州初逢席上见赠》、宋代王安石的《登飞来峰》、宋代陆游的《冬夜读书示子聿》、宋代陆游的《游山西村》、宋代朱熹的《春日》、《观书有感》、清代郑燮的《竹石》等。

（四）劝学的诗。汉代乐府民歌《长歌行》、唐代颜真卿的《劝学》、清代钱泳的《明日歌》等。

（五）赞美事物（常用来赞美老师）的诗。唐代杜甫的《春夜喜雨》、唐代李商隐的《无题》、清代龚自珍的《己亥杂诗》等。

（六）关注百姓疾苦的诗。唐代李绅的《悯农》其一、《悯农》其二、宋代范仲淹的《江上渔者》、宋代梅尧臣的《陶者》等。

（七）描写冬天景色的诗。唐代高适的《别董大》、唐代祖咏的《终南望余雪》、唐代柳宗元的《江雪》、唐代刘长卿的《逢雪宿芙蓉山主人》、宋代王安石的《梅花》等。

 课程实施

本课程实施对象是四年级所有学生，实施之前选取适合学生的、优秀的古诗，精心备课，自编讲义，制作多媒体课件，准备音像资料等。每学期有计划地安排15周，每周2课时，每课时20分钟，以一学年为一个教学周期，共需60课时。

（一）阅读鉴赏法

引导学生运用"知诗人、解诗题、诵诗句、赏诗景、悟诗情、明诗理"的方法讨论交流、合作学习，针对学生仍不懂的问题进行交流，再进行阅读鉴赏、背诵。

（二）启发讨论法

诵读后启发、感染学生，小组讨论，自由发表意见，教师及时作小结。

（三）诵读积累法

加强积累、诵读训练。坚持每周分两次，利用朝读时间进行诵读，每周积累、背诵四首诗，达到学生积累古诗的目的。同时，老师采取范读、指名读、抽背和小组合作背诵等多种方法引导学生积累、背诵。

（四）情景模拟法

在学生入情入境积累诵读后，再适当进行场景的训练拓展练习，既训练口语表达，又使积累得到巩固。

 课程评价

根据学生兴趣、态度、积累等情况，结合学生自评、班级互评、家长点评、教师点评等多种评价方式，最后形成超前背诵评价、积累运用评价、展示性评价等几个方面的等级，再进行综合评定。

超前背诵评价指超前完成背诵任务，每超前一首诗予以两分，积累无上限，得分最高者为第一。

积累运用评价指学生不光背诗还会用诗，在写作中用诗、在生活中用诗等，运用恰当者一次加两分。

展示性评价指敢于当众展示自己的积累成果，能接受别人的挑战并获胜。每周一次展示性评价，获胜者加两分。

评 价 指 标	评价			
	自评互评分数	家评分数	师评分数	总评分数
超前背诵评价				
积累运用评价				
展示性评价				
综合评定 （优秀、良好、合格）				

（课程开发者：袁珂）

童眼童心

适用年级：五年级（选修）

 课程背景 ————————————————————————

　　《童眼童心》写作课程是对小学语文教材习作部分的补充和延伸性课程，是基于儿童中心和儿童视野的语言文字运用的实践性课程。《语文课程标准》明确界定语文课程是一门学习语言文字运用的综合性、实践性课程。而当前教材以"习作内容"为编排体例，有每个单元的写作内容，但关于到底重点训练什么，学生要学会什么写作知识并不明晰，而《童眼童心》写作课程是针对儿童表达兴趣、表达方法进行系统化训练的课程。

　　泰戈尔说："一切教育都是从我们对儿童天性的理解开始的。"教育的本质在于唤醒和点燃孩子心中的真善美，"童眼童心"写作课程有助于发掘儿童内心的本真，让学生有话可写，有话想写，同时拥有写的方法和力量，全面提升表达力。

　　"童眼童心"写作课程秉持"童眼看世界，我手写我心"的理念，旨在以儿童的视角，启迪他们用全感的状态，全面认识自己，认识周边的重要他人，认识自然之美，认识世界之美。全面调动学生的眼、耳、鼻、手、心等感官，深入认识周边的一切，捕捉生命中自己独特的感受，并学会用一系列的方法，表达自己的真情实感，表现生活之美、人性之美。通过老师创设一定的体验情境，让学生积累更多真实可感的写作素材，搭建交际平台，让学生找到写作的目标，有自己的成果意识。种下一颗热爱写作的种子，相信在他们美丽的童心里，定会开出绚丽的花朵。

课程目标

1. 学会用多种感官观察和感知周边的一草一木、一人一事,发现一点一滴的独特之美。

2. 经历观察、表达、倾听、习作、讨论、修改的过程,学会基本的表达方法,形成写作的能力体系,写出真情实感。

3. 体验让自己的文字变成铅字的成就感,感受成功之美。

 课程内容

以儿童为中心,以"童眼童心"为主题,在激发学生内心表达兴趣的基础上,以儿童认知规律为序列,将课程分为以下五大模块:

第一模块:童心思自己(5课时)

1. 学生通过学习自我介绍,追溯名字的由来,查阅族谱,多角度思考自己的角色,正确认识自己,同时用多种形式介绍和展示自己,从而达到深入认识自己的目标。

2. 通过展示自己的家庭、与父母相处的回忆,感受父母之爱,学会巧妙选材,从细节入手表达自己的感动。

第二模块:童眼看自然(6课时)

1. 学生观察各个季节的大自然,调动学生的眼、耳、鼻、手、心等感官全面观察周边的一草一木,珍视自己独特的发现。

2. 学生有序地把自己的观察和发现进行交流,有意识地把观察到的和想象到的结合起来表达。

第三模块:童心妙联想(6课时)

1. 欣赏儿童诗和童谣,感受童诗的想象之美和画面之美,通过对比阅读找到童诗的写法。

2. 通过倾听声音、看图片进行相关的联想和想象,进行儿童诗和童谣的仿写和创编。

第四模块：童眼看校园(4 课时)

1. 引导学生关注学校举办的大型活动,感受不同的场面并进行现场的材料采集,用相机抓拍精彩瞬间,运用这些材料进行场面描写和动作、表情描写的表达训练。

2. 关注身边的人和事,采集同学之间发生的事件,发现校园生活中的点滴真善美。学习怎样将故事情节写得一波三折、跌宕起伏,引起读者的兴趣。

第五模块：童眼看世界(5 课时)

1. 了解重庆,通过查阅各种资料,交流重庆印象,讨论怎样介绍重庆,学会抓住地方特色和人们的活动来体现重庆风情。

2. 关注世界大事,异域风情,学会从不同角度看待问题,表达自己的观点,学习些简单的新闻评论,培养社会责任感。

 课程实施

全年安排 26 课时,以每周四下午的一个小时时间为集中学习时间,带着学生通过一系列的观察、写作实践,螺旋式地提升学生的表达能力,激发学生的表达兴趣。为保证学生充分的交流展示时间,每班设置 25 人。因为此课程内容有一定深度,适合五年级学生学习。

实施方法：

本课程重在引导学生打开全感的状态,体悟身边的环境、生活,用一颗纯真的童心去感受生活之美,表达自己独特的感受。老师适时进行方法的引领,让他们在实践中习得习作的方法。真实的体验是习作的基础,有了体验,学生的作品便如有了源头的活水,语言才能自然流淌于笔端。因此,本课程旨在通过学生的体验,通过方法的渗透与引领,促进学生写作能力的提升。

(一)学会观察,发现生活之美好

引导学生打开自己的各种感官,充分调动眼、耳、鼻、舌、手等,用全感式思维感知世界之美。引导学生在感知时关照自己的内心想法,让学生的观察独具特色,表达来自内心的声音,写出真情实感。

(二)学会交流,感受表达之乐趣

创设不同的情景体验激发学生表达的乐趣,让语言在情景的体验中自然流淌,同时有意识地进行习作方法的渗透。逐步引导学生从口语的交际转化成书面的语言表达。

(三)学会互改,总结方法之巧妙

每一次习作积累一个方法,把方法渗透在课堂当中,其中有学生的探索,有对比的发现,有互相的评改,也有老师的引领。同时与五年级课程标准紧密结合,弥补语文书编排的不足,落实方法的训练,让学生逐步形成表达方法的体系。

(四)学会梳理,收获成果之丰硕

激发学生的成果意识,每一次习作完后都要进行修改和欣赏,最后形成每个人的习作集,选择好的作品进行投稿,让学生体验作品发表的乐趣,获得成就感。

 **课程评价**

(一)展示性评价:每次学生的口头表达和书面习作都在小组内和全班进行展示,学生互相欣赏和评改,将最后的成果进行集结和展示。

(二)积星制评价:每一次习作按照常规性目标(语句通顺、内容具体、书写工整)和本堂课的核心方法目标进行星级评价,最后按照积星多少进行评比。

积星制评价表

合计星级 \ 评价内容	常规目标			核心目标
	语句通顺	内容具体	书写工整	根据每课时内容定

（课程开发者：傅代裕）

小小主持人

适用年级： 三年级（选修）

 课程背景

　　主持是一种强调有声语言表达技巧与广播电视语言传播规律的科目，主持人是这一科目的传播者。小小主持人，特指三年级对主持有兴趣的学生。《全日制义务教育语文课程标准(2011 年版)》在课程总目标中明确提出学生应学会倾听、表达与交流，因此鼓励儿童走上舞台，成为语言表达与交际的高手，学习主持是培养这种能力的重要途径之一。《小小主持人》课程以训练学生的语言表达能力为主要任务，通过基础训练、技能训练、各类语言类节目表演等综合训练，以新颖的模拟活动来提高学生语言表达能力、灵活应变能力和塑造良好气质。

　　主持要求儿童对文学、音乐、舞蹈等艺术门类都要有所涉猎，可以开阔儿童的视野、拓宽知识面；主持作为语言表达的一种形式，能帮助儿童感受语言的魅力，培养对语言文字的悟性；主持从站、坐、行、舞蹈等方面入手锻炼形体，规范言谈举止，让学生一言一行大方得体；在学习过程中，儿童经常上台朗读、演讲、模拟主持可以增强自尊心，改正性格上懦弱自卑的缺点；主持具有适应性与灵活性，需要临场处理各种突发问题，是培养学生应变能力的良好契机。我校开展的《小小主持人》课程，着眼于培养孩子以上综合能力，展现新美少年大方、自信的良好气质。

　　本课程秉持的理念是：金话筒，展魅力。面向三年级的孩子，针对学生个性差异较大，主持基础参差不齐的情况，搭建舞台，因材施教。让有语言天赋的学生得到更全面的发展，成为人人喜爱的舞台主持小明星；让较胆小、内向的学生变得自信、大方，勇敢上台表现自己；让口吃混沌、发音含糊、吐字无力的学生变得发音纯正、口齿伶俐。尊重每一个学生的特点，把主持舞台留给学生，让他们尽情地展现自我，切实做到儿童的舞台儿童做主。

 课程目标

1. 了解主持的基本流程，感受主持的魅力，激发主持的兴趣，体验主持的乐趣。
2. 通过模拟训练和实践活动，积累主持的技巧，塑造良好的台风，提高语言表达和随机应变的能力。

 **课程内容**

本课程以"爱上主持，人人都是小小主持人"为主题，内容分为五大板块：

（一）主持欣赏

通过观看一些优秀的主持节目，欣赏主持人自信的主持风采，感受主持的魅力，激发学生对主持的兴趣，产生上台主持的愿望。

（二）主持仪态与礼仪

主持人本身就是舞台的一道风景，主持人的一举一动关乎整个活动的顺利举行。课堂上教师示范主持人的表情、主持人的姿态、主持人的手势及利用主持中的"三要三不"原则来规范主持仪态。学生在模仿、训练的过程中，初步学会正确的主持礼仪。

（三）主持技能

内容包括气息训练、发声训练、绕口令练习、诗歌朗诵、故事诵读、主题演讲。

通过主持基本技能的训练，学生能够初步掌握控制气息的方法，提高声音的持久性和辨识度，以绕口令为媒介，训练口腔的灵活度，使咬文嚼字更清晰。通过诗歌、故事、演讲等不同形式的语言练习，让学生感受不同作品的感染力，拓宽学生的知识面，锻炼学生的胆量。扎实的主持基本技能，是正式主持的必要条件。

（四）表演与模仿

主要内容为即兴口语表达、配音练习、小品表演、角色扮演，以四人小组合作的形式开展学习，处理好与主持搭档的交流与配合，懂得不同的角色会说不同的话，感受主持节目时的灵活性，提高主持的适应性与应变能力。

（五）实践与展示

主要内容为参与小星星广播站的节目主持、学校相关活动的主持，熟知主持的流程，在真实的主持活动中，学会调控心态、仪态、语调和运用控场能力、临场反应能力，不断形成个人主持风格，实现自我突破，展示主持的魅力。

 课程实施

本课程以一学年为一个教学周期，共 26 课时，上期 13 课时，下期 13 课时，每课时 60 分钟。教师课前查阅相关的主持书籍，选择适合三年级儿童的教学内容，选编成教材，辅以网络资源、音像资料等。本课程采取以下方法来提升教学：

（一）观摩鉴赏，激发兴趣

学生欣赏优秀的主持视频，感受主持的魅力，提高审美情趣，激发主持的欲望。

（二）亲身示范，举止得当

教师亲身示范主持的仪态，让学生了解主持人的基本礼仪。强化练习小主持人的站、坐、行、手脚的摆相、眼睛的神情等具体细节，注重习惯培养，使其自觉，塑造小主持人自信阳光的形象。

（三）合作交流，创造表达

在社团内营造一个宽松、和谐、充满信任的氛围，使学习小组无拘束地参与、表达、讨论。教师最大限度地激发学生的潜能,增加学生敢于表达的勇气,培养积极表达的习惯。

（四）情境模拟,演中体悟

依据生活实际,教师创设真实的交际情境,让学生在生动有趣的表演、游戏中,进行口头表达的演练,学习主持知识。通过演练,鼓励学生展开想象,使学生走进角色之中,在愉悦的气氛中提高角色意识。

（五）实践主持,练中提升

结合学校的各类语言展示活动,给学生们提供平台,使其实际操练,感受主持的情境,磨炼主持的心理,积累临场的经验。

 课程评价

本课程在评价方式上,采取参与性评价和竞赛制评价两种方式,具体做法如下:

（一）参与性评价

（1）考勤与纪律

姓名	每周准时上课	自觉遵守课堂秩序	保持教室清洁

（2）小组合作学习

姓名	评价项目				
	积极参与 兴趣浓厚	互帮互助 共同提高	灵活主持 准确运用	大胆展示 毫不怯场	综合 评定
学生一					
学生二					

（3）课后主动练习

姓名	坚持每天练习 1 次	一周能坚持练 2—3 次	偶尔想到练习 1 次

（4）主持实践活动参与度

姓名	认真练习	积极参与	整体效果

（二）竞赛性评价

课程结束后，举办"金话筒杯"小小主持人大赛，评比出金话筒最佳小主持、普通话小达人、才艺双全小明星，并颁发奖状。

选手姓名	语言流畅 （10分）	主持仪态 （10分）	才艺展示 （10分）	现场效果 （10分）	主持技能 （60分）

（课程开发者：李园园）

小小演说家

适用年级：五年级（选修）

 课程背景

　　演说，又叫演讲，它是以有声语言为主要手段，辅以动作、表情，就某个问题在大众场合发表自己的看法，阐述事理或抒发情感，进行宣传的一种语言交际活动。《小学语文课程标准》中明确提出：要求小学高段学生具有日常口语交际的基本能力，学会表达与交流，能根据对象和场合，稍作准备，作简单的发言。对自己身边的、大家共同关注的问题，或电视、电影中的故事和形象，组织讨论、专题演讲，学习辨别是非善恶。

　　《小小演说家》课程的开展能提高孩子对语言的运用能力和对他人语言的理解能力，并且有利于学生的全面提升，培养学生的领导力，有效增强学生自信心。

　　本课程秉持"学会演讲，塑造自信人格"的理念，通过看演讲视频，练习发音，练习出场，练习肢体语言设计，练习写演讲稿，练习演讲，演讲比赛等形式，让学生愿说、敢说、会说、爱说，从而形成终身受益的自信心、沟通能力和表达能力。

 课程目标

　　1. 初步感受演讲的魅力，对演说产生兴趣，形成活泼、开朗、积极、向上、创新、自信的性格。

　　2. 通过演讲指导和实践活动，初步掌握演说技巧，能够清晰表达自己的想法和意愿,敢说、会说、巧说,练就一副好口才。

 **课程内容**

本课程以"让学生爱上演说"为主题,内容按训练类型分为演说鉴赏、技能训练、演说练习、成果展示四个模块,具体如下:

(一) 演说鉴赏

主要内容是通过欣赏一些优秀的演说作品,如马丁路德·金的《我有一个梦想》,阿道夫·希特勒的演讲,乔布斯在斯坦福大学的演讲,俞敏洪的《在绝望中寻找希望》,电视节目《超级演说家》、《小小演说家》等,增进学生对演说的认知,体会演说的魅力。认识一些重要的演说名人,如20世纪最伟大的成功学大师、演说家戴尔·卡耐基,天生没有四肢、创造了生命奇迹的著名励志演说家尼克·胡哲,世界华人成功学第一人——陈安之等,从而激发学生对演说的兴趣,产生对上台演说的向往。

(二) 技能训练

内容包含上台技巧,发声技巧(如绕口令训练、声母韵母辨音练习),肢体语言设计训练,模仿练习和演讲稿写作《如何进行自我介绍》、《竞选稿演讲写作》训练。通过课上传授这些技能,让学生能够正确使用这些技巧,为正式演说做好准备。

(三) 演说练习

主要内容为开展多次演说及表演活动,包括《请你认识我》、《我想当……》、《请到我的家乡来》、《我的一家》、《我是小导游》、《我的理想》演说的活动以及表演练习《看看我像什么——模仿表演》、《听我讲笑话》、《听我讲故事——寓言故事》、《听我讲故事——成语故事》,从而锻炼学生沟通、演说表达能力。

(四) 成果展示

主要内容是编排一场演说汇报,让学生自主选材、设计肢体语言、演说,展示自己所学到的演说技能,展示自己的自信。

课程实施

本课程通过选编教材、互联网、多媒体课件、音像资料等多种渠道获取教学资源。以一学年为一个教学周期，上期 13 课时，下期 13 课时，共 26 课时，每周 1 课时，每课时 60 分钟。实施的教学方法如下：

（一）观摩视频法

播放有关名家、青少年演讲的优秀视频，学生认真观摩、感受，激发孩子对演讲的兴趣。

（二）讲解示范法

老师讲解一些有关演说的上台、发声、肢体语言等技巧，并做出示范，让学生获得直观感受。

（三）模仿练习法

我们每个人从小就会模仿，模仿的过程就是学习的过程。练演讲也可用这个方法。找自己认为优秀的演讲者的视频进行模仿，模仿演讲者的神态、动作、语气、语速，并力求模仿得像。通过反复实践练习，让学生在练习中掌握演说技巧。如有可能，还可以超过被模仿者。

（四）角色扮演法

角色扮演，就是学演员那样演戏，去扮演作品中的不同人物，选有情节、有人物的小说、戏剧进行练习，提高学生语言表现力。

 课程评价

本课程主要采用每周专项的过程性评价和期末检测考核的结果性评价这两大标

准。通过这个循序渐进的评价过程，了解学生演讲技巧的掌握情况，提高学生演讲水平，增强学生对演说的兴趣。

具体的评价方法如下：

（一）过程性评价

每周一次演讲能力专题训练，同时在课堂中留充足的时间进行当堂练习，当堂对学生进行展示达标检测，并评选出"每周演说之星"。

"每周演说之星"评价表

学生姓名	本周演说专题训练是否达标	是否评为"每周演说之星"

（二）结果性评价

学期末，学生集中展示考核一次，采用专项考核的方法进行本学期所学演说技巧的专项达标评价。

"我是演说小明星"评价表

项目	语气（10分）	语速（10分）	手势动作（10分）	眼神与观众交流（20分）	内容（50分）	总评（100分）
学生姓名一						
学生姓名二						
学生姓名三						
学生姓名四						

（三）综合性评价

期末，根据"每周演说之星"的得星数和期末集中展示考核情况评选出本期"演说小明星"，并向学生颁发奖状。

（课程开发者：吴波）

萌动 ABC

适用年级： 二年级（选修）

 课程背景

　　《萌动 ABC》课程内容主要是学唱与二年级英语知识相关的英语儿歌。通过学习经典英语儿歌，引导学生在学唱儿歌时感知 26 个英文字母在单词中的常见发音，达到英语启蒙的目的。英语儿歌是一种由听觉感知的语言艺术，《中小学英语课程标准》的一、二级目标描述中都提到"能唱简单的英文歌曲，说简单的英文歌谣"，"能根据所学内容表演对话或歌谣"。由此看出学习儿歌已成为英语课堂教学中必不可少的重要组成部分。

　　《萌动 ABC》课程将英语儿歌和歌谣引入学校的社团活动中，以节奏活泼、富有动感的儿歌迎合低年级学生的心理发展与兴趣诉求；以诵读与表演帮助儿童记忆词汇、培养语感、提高模仿能力；以内容丰富、旋律优美的儿歌，开启学生的心智，发展学生的言语智能，培养学生的学习兴趣。

　　本课程秉承的理念是："吟唱英语儿歌，感受英语韵律之美。"在教学中，通过吟诵英语儿歌，着力培养和提高学生的学习兴趣；通过英语儿歌的改编，可以发展学生的思维能力，从而促进学生英语综合能力的发展，提高学生的核心素养。

 课程目标

1. 通过对英语儿歌的听、说、唱，激发学生浓厚的英语学习兴趣，使学生初步学习独立改编所学童谣和儿歌,尝试用所学词汇句型进行简单的创编。

2. 乐于吟唱英文儿歌,掌握一定的基础性英语词汇,形成基本的英语语感,并积累良好的语音、语调,为进一步学习打下基础。

 课程内容

本课程以让学生爱上英文儿歌为主要内容,根据儿歌的主题分为三个板块:

（一）爱上活泼可爱的字母

主要内容是通过学习吟唱含有字母常见发音的儿歌,感知 26 个字母在单词中的基础单音,增强学生对字母发音的认知,感受英语儿歌的魅力。

（二）介绍我的家人和朋友

主要内容是通过学习介绍家人和朋友的喜好,例如动物、食物、运动等,吟唱相关歌曲,激发学生对英语学习的兴趣,使其产生对吟唱英语儿歌的向往。

（三）感受绚丽多彩的四季

主要内容是从气候、服装、节日等方面,学习吟唱与四季相关的歌曲。帮助学生丰富英语词汇量,培养学生英语的语音语调。

 课程实施

本课程以一学年为一个教学周期,上期 13 课时,下期 13 课时,一共 26 课时,每周 1 个课时,每课时 60 分钟。参与学生为二年级有一定基础并对英语活动感兴趣的同学。课程教学有自编的讲义、多媒体课件、音像资料等多种教学资源。

每学期最后一课时为展示表演课。主要是学生在教师的帮助下编排一场英文儿歌吟唱表演活动,让学生参与选歌、组织肢体语言、编排等每一个环节,通过排练,将一个精彩的英文儿歌吟唱表演节目展示给观众。

（一）情景演绎法：在表演中学儿歌

灵活运用情景式教学，给学生营造出类似目标语的情景，让学生自然而然地使用目标语来表达自己的想法。教师尽可能多地利用相关图片、声音、实物、多媒体以及故事等来创设特定的情景，帮助学生学习、运用语言。

（二）游戏学习法：在玩中学儿歌

游戏是常见的运用于低年级教学中的一种教学方式。通过游戏的形式，教师可以简单快速地吸引学生的注意力。教师引导学生广泛参与到游戏活动中来，帮助学生主动、轻松、快乐地学习。在英语儿歌的教学中，教师可以适当提前设置悬疑，并引导学生大胆猜测，使教学过程变得更加生动有趣，也能够激发学生学习的兴趣。

（三）全身反应教学法：边唱边做，感受韵律之美

由于教授低年级学生往往会选择简单的韵句、儿歌，而简单的歌曲容易导致学生走神，无法达到预期的学习效果，那么就需要教师根据歌曲的内容，设计一些简单易学又富有童趣的动作，带领学生边唱边做。让学生集中注意力动起来的同时，巩固儿歌，又能帮助学生记忆理解儿歌。

（四）启迪创编法：在创编中学儿歌

为了避免"填鸭式"教学，促进学生思维的发展，教师在教授歌谣的基础上，引导学生根据一定简单的范式进行自主创编歌谣，鼓励学生大胆创作，开拓思维。学生结合新习得的歌谣范式运用已学知识进行创作学习，为学习过程中增加更多趣味。

 课程评价

为了学生的更好的发展，教师需针对学生每一堂课上的表现、所取得的成绩、成果展示等方面的发展作出客观的评价。主要结合平时参与性评价（60％）和期末展示性评价（40％）进行评价。

（一）参与性评价

主要根据学生在出勤情况、参与度、小组合作、个人创编等方面的情况进行评价。

1. 竞赛法

每节课将全班分小组，进行合作、比赛、学习。

2. 评选"英语儿歌吟诵之星"

结合学生在课堂上的表现、课堂投入绘本阅读的状态和课堂交流讨论展示的情况，评选出"英语儿歌吟诵之星"。

参与性评价表

项目 姓名	出勤 情况 （15%）	课堂 参与度 （15%）	小组 合作 （15%）	个人 创编 （15%）	备注 （英语儿歌 吟诵之星）
学生一					
学生二					
学生三					

（二）展示性评价

1. 根据期末的展示表演课，从英语语音、歌曲改编、歌曲吟唱等方面进行评价。

2. 表演时采取 4 至 6 人小组的形式，进行相互评分。

展示性评价表

项目 姓名	英语 语音 （10%）	歌曲 改编 （10%）	歌曲吟唱（15%）			小组 互评 （5%）
			歌谣节奏鲜 明，朗朗 上口（5%）	词意有趣， 新颖（5%）	动作漂亮、 有创意，能 反映核心 词汇（5%）	
学生一						
学生二						
学生三						

（课程开发者：王雪皎、王静）

魔力 Phonics

适用年级：三、四年级（选修）

 课程背景

"Phonics"即自然拼读，它不仅是以英语为母语国家的孩子学习英语读音与拼字，增进阅读能力与理解力的教学法，更是以英语为第二语言的英语初学者学习发音规则与拼读技巧的教学方法。它是目前国际上公认的帮助孩子扩大词汇量、提高阅读能力的最快捷、最简单、最有效的方法。

本课程的理念是：快乐拼读，助力读写。让学生们通过拼读技巧的学习，掌握拼写工具，摆脱机械枯燥的记忆学习之苦，让英语学习变得更高效轻松。

 课程目标

1. 通过自然拼读学习，逐渐构建自然拼读基本的知识体系，提高英语学习兴趣和自信。

2. 感悟字母或字母组合的音形对应规则，能对单音节词或部分双音节词进行解码，即把字母或字母组合转化成单个音素，再把单个音素组合起来拼读出整个单词，逐步具备"见词能读，听音能写"的能力。

3. 体验英语阅读的乐趣，巩固和活化拼读朗读技能，创新阅读的方式及阅读反馈方式。

 课程内容 ———————————————————————

Phonics 展示了一种崭新的学习方式：无需死记硬背便可学会拼读，把英语从目的变成工具，借此接触不同的文化，开拓眼界，在玩中学，在学中玩。

本课程分为三个阶段：

第一阶段：学会 26 个字母在单词中最常见的发音，即字母音（letter sound）。在本阶段，建立 26 个字母名称音与在单词中的发音之间的直接联系。学生能初步达到听到音素能辨别出字母的效果。

第二阶段：能够拼读"元音 + 辅音"或者"辅音 + 元音"的字母组合。进而能拼读常见单音节词或者简单的双音节词。通过拼读单词的训练，培养学生的自主阅读能力。

第三阶段：本阶段是一个综合运用和能力提升的阶段。在第一步中，大量扩充单词量。第二步，让学生运用已会的拼读规则，进行阅读扩展，并通过多种方式进行读后反馈展示。

这三个阶段的学习既贯穿在本课程的始终，也体现在每一个课时的教学过程中。在每一个课时的学习中，学习内容都由字母及字母发音的学习，递进到单词的拼读，再到故事的阅读，层层深入。在这样递进的过程中，展示了英语的工具属性，让学生感受到了学英语本身并不是目的，能够应用英语才是目的。

具体内容如下：

三年级上期：重点完成辅音字母发音，让学生听到字母发音，能找到对应的字母。

第 1 讲：歌曲：A is for apple. 初步整体接触 26 个字母在单词中的发音。

第 2 讲：字母 A\B\C\D 在单词中的发音及故事拼读"Frank the rat"。

第 3 讲：字母 E\F\G 在单词中的发音及故事拼读"Red Ben"。

第 4 讲：字母 H\I\J\K 在单词中的发音及故事拼读"Hungry Hat"。

第 5 讲：字母 L\M\N 在单词中的发音及故事阅读"Mr. No-Nose"。

第 6 讲：字母 O\P\Q 在单词中的发音及故事阅读"What's going on?"。

第 7 讲：字母 R\S\T 在单词中的发音及故事阅读"Sam is a snake"。

第 8 讲：字母 U\V\W 在单词中的发音及故事阅读"I am a witch"。

第 9 讲：字母 X\Y\Z 在单词中的发音及故事阅读"There is a box"。

第 10 讲：字母歌 ABC song 及字母体操歌学习。

第 11 讲：字母体操歌表演及 26 个字母大小写书写练习。

第 12 讲：歌曲 A is for apple 和字母体操歌的再次学习和合作表演。

第 13 讲：故事表演展示。

三年级下期：重点完成 aeiou 的短音拼读（在闭音节中的发音）。

第 1 讲：认识-a-，重点练习 pbtd 和-a-的拼读。

第 2 讲：练习 pbtd 和-a-的拼读，朗读带有-a-音词汇的故事。

第 3 讲：认识-e-，重点练习 pbtdkgfv 和-e-的拼读。

第 4 讲：练习 pbtdkgfv 和-e-的拼读，朗读带有-e-音词汇的故事。

第 5 讲：认识-i-，重点练习 pbtdkgfvsz 和-i-的拼读。

第 6 讲：练习 pbtdkgfvsz 和-i-的拼读，朗读带有-i-音词汇的故事。

第 7 讲：认识-o-，重点练习 pbctdkgfvszlnm 和-o-的拼读。

第 8 讲：练习 pbctdkgfvszlnm 和-o-的拼读，朗读带有-o-音词汇的故事。

第 9 讲：认识-u-，重点练习 pbctdkgfvszlnhr 和-o-的拼读。

第 10 讲：练习 pbctdkgfvszlnhr 和-o-的拼读，朗读带有-u-音词汇的故事。

第 11 讲：认识字母 y，重点练习 y 的三种发音拼读。

第 12 讲：练习 y 的三种发音拼读，朗读带有大量字母 y 的词汇的故事。

第 13 讲：趣味拼读比赛，展示拼读能力。

四年级上期：重点完成 aeiou 的长音拼读（在开音节中的发音）。

第 1 讲：认识 a-e 结构，重点练习 a 的长音（字母 A 在单词中发名称音）。

第 2 讲：练习 a 的长音，朗读带有 a 长音词汇的故事。

第 3 讲：认识 e-e，-e，ee 结构，重点练习 e 的长音（字母 E 在单词中发名称音）。

第 4 讲：练习 e 的长音，朗读带有 e 长音词汇的故事。

第 5 讲：认识 i-e 结构，重点练习 i 的长音（字母 I 在单词中发名称音）

第 6 讲：练习 i 的长音，朗读带有 i 长音词汇的故事。

第 7 讲：认识 o-e 结构，重点练习 o 的长音（字母 O 在单词中发名称音）

第 8 讲：练习 o 的长音，朗读带有 o 长音词汇的故事。

第 9 讲：认识 u-e，ue 结构，重点练习 u 的长音（字母 U 在单词中发名称音）

第 10 讲：练习 u 的长音，朗读带有 u 长音词汇的故事。

第 11 讲：aeiou 短音和长音比较拼读，朗读有 aeiou 发音的单词的故事 4 则。

第 12 讲：趣味拼读比赛，展示拼读能力。

四年级下期：重点完成部分基本字母组合发音拼读。

第 1 讲：ea/ee 字母组合发音拼读练习，朗读含有 ea/ee 的词汇的故事。

第 2 讲：er/ir/ur 字母组合发音拼读练习，朗读含有 er/ir/ur 的词汇的故事。

第 3 讲：ai/ay 字母组合发音拼读练习，朗读含有 ai/ay 的词汇的故事。

第 4 讲：ar/or 字母组合发音拼读练习，朗读含有 ar/or 的词汇的故事。

第 5 讲：sh/ch/wh 字母组合发音拼读练习，朗读含有 sh/ch/wh 的词汇的故事。

第 6 讲：oa/oe 字母组合发音拼读练习，朗读含有 oa/oe 的词汇的故事。

第 7 讲：oi/oy 字母组合发音拼读练习，朗读含有 oi/oy 的词汇的故事。

第 8 讲：th/ck 字母组合发音拼读练习，朗读含有 th/ck 的词汇的故事。

第 9 讲：al/aw 字母组合发音拼读练习，朗读含有 al/aw 的词汇的故事。

第 10 讲：ou/ow 字母组合发音拼读练习，朗读含有 ou/ow 的词汇的故事。

第 11 讲：ce、ci、cy/ge、gi、gy 字母组合发音拼读练习，朗读含有 ce、ci、cy/ge、gi、gy 的词汇的故事。

第 12 讲：趣味拼读比赛，朗读展示。

 **课程实施**

本课程以两学年为一个教学周期，三年级上期 13 课时，下期 13 课时；四年级上期 12 课时，下期 12 课时，共 50 个课时，每周 1 课时，每课时 60 分钟。参与学生为三、四年级有英语基础，对英语学习有兴趣，且想提高英语学习成绩的学生。采用自编的拼读教材、互联网资源、多媒体课件、音像资料等教学资源。为了教学内容的连续性和完整性，以下为课程实施策略。

实施策略：

（一）视频引导，"热身"耳朵

英语课前，教师可以在大屏幕上呈现自然拼读方面的动画，让学生在轻松、愉悦的氛围中开发他们的拼读意识，让他们的耳朵"热身"。

（二）图文并茂，"操练"眼睛

鉴于小学英语学习的实际情况，拼读教学没有真实的语言氛围可供学生在其中练习，因此将图文结合起来，让学生在耳朵"热身"之后，在 poem 和 chant 中练习运用。教师为学生准备一本自然拼读小册子，里面内容丰富，包括填空、连线、拼读、chant、小诗等形式，图文并茂，激发学生的学习兴趣，创新活动内容，巩固拼读规则。

（三）海量阅读，"开动"思维

自然拼读教学的最终目标是帮助学生建立自己的英语解码能力，由此提升学生自己的英语阅读能力。在掌握了对单词的拼读能力之后，把学生的能力提升到故事的阅读层面。在这一个层面，教师向学生提供有趣的原版英语绘本，以小组合作的方式展开自主阅读，在自主阅读的过程中，教师进行巡视，解决学生出现的拼读问题。

（四）合作表演，体验快乐

在本课程中，通过对拼读的学习，学生合作读故事，演故事，画故事，甚至唱故事。最后的目的是：用英语。让他们将英语作为工具，进而进入真正广阔的英语世界，能读英语故事,能唱英语歌曲,能够表演和分享。达到这一目的之后,英语的学习就不仅仅是单纯的语言学习,还是文学艺术和西方文化的学习。这样,孩子们就能体会到英语学习带来的不一样的快乐。

 课程评价

本课程的评价从时间段上分为:平时评价和期末评价。

(一)平时采用积分制评价。每位学生根据积分表的项目参与累计积分。

(二)期末评价为展示性评价和检测性评价。展示性评价由学生合作表演故事或者歌曲,由评委打分评价。检测性评价考察学生的知识掌握能力,以试卷检测分数为主。其中,平时积分表权重为 30%,期末展示权重为 30%,试卷检测权重为 40%。

(三)学生评价等级分为优、良、合格与待合格四级。90 分及以上为优秀,80—89分为良好,60—79 分为合格,60 分以下为待合格。

期末展示得分表

评 价 指 标		分值	得分
期末 评定 30%	服装整齐	5	
	精神面貌	5	
	发音准确	5	
	熟练流畅	5	
	动作表情	5	
	创新意识	5	
总分			
评定等级			

学生积分表（每完成一次积一分）

项目＼课时	Lesson1	Lesson2	Lesson3	Lesson4	Lesson5	Lesson6
出勤						
听讲						
发言						
合作						
课后任务						

（课程开发者：谭话情、吕晓丽）

疯狂 Reading

适用年级：五、六年级（必修）

 课程背景

　　朗读（reading loudly and clearly）是读的一种方式，通过运用重音、节奏、语调等方式，把语言文字材料清楚、洪亮、正确地读出来，它是语言学习最基本，也是最主要的方法。所以在英语学习中，一定要掌握好这项基本技能，把它作为学好英语的基础、说好英语的前提。

　　朗读能够培养学生对英语学习的兴趣，通过对大脑的刺激加强记忆，提高口语表达能力。在大量朗读和记忆的基础上英语的阅读和写作水平能得到较快的提高。朗读还能帮助学生克服害羞胆小的心理，可以大方地与他人用英语进行交流。研究表明，在英语学习的兴趣、学习英语效率和效果方面，朗读能力强的学生明显要优于能力弱的学生。

　　本课程的理念是：乐享英语，快乐朗读。希望让学生了解朗读在英语学习中的重要性，培养学生良好的英语语感，突破听力难关，有助于更好地掌握语法知识结构，从而提高学生学习英语的兴趣和英语水平。

 课程目标

　　1. 了解英语朗读的技巧，掌握英语朗读中的连读、爆破、弱读和节奏，能大声、准确、流利地朗读英语。

2. 通过朗读的过程，提高对英语掌握的准确度和理解力，感受朗读的魅力，从而激发英语学习兴趣，提高朗读者的英语口语水平，培养英语语感。

 **课程内容**

本课程以围绕"乐享英语，快乐朗读"的主题，课程具体安排：

学年上期：

（一）朗读的韵律与节奏（8课时）

朗诵9首富有节奏韵律的儿歌："Close the Door"，"Get Your School Supplies"，"New Soccer Clothes"，"Parade Toys"，"Robot Practice"，"Pogo's Planet"，"Paint the Barn"，"New and Clothes"，"Who Stole the Cookies"，对学生进行英语韵律和节奏的训练。

（二）绕口令（2课时）

朗读绕口令

1. Can you can a can as a canner can can a can?

2. Ted sent Fred ten hens yesterday so Fred's fresh bread is ready already.

3. I wish to wish the wish you wish to wish，but if you wish the wish the witch wishes，I won't wish the wish you wish to wish.

4. Whether the weather be fine or whether the weather be not. Whether the weather be cold or whether the weather be hot. We'll weather the weather whether we like it or not.

训练学生的口齿和流利性，解决语音问题。

（三）儿童诗歌（2课时）

朗读英语儿童诗歌"We are Going on the Bear Hunt"，从听力上让学生感受英语诗的韵律、节奏之美，然后在朗读中进一步训练学生的朗读技巧，让学生反复吟诵，体味其中的情感。

（四）朗读表演（1 课时）

学生分组自主编排一首儿歌，在课堂上展示。在排练的过程中，教师点化指导，让学生自主修改，最后让学生将自己的成果进行展示。

学年下期：

（一）朗读的韵律与节奏（8 课时）

朗读富有节奏韵律的儿歌，"Amazing Ming"，"Chop"，"Cook and Mix"，"Jungle Animals"，"I Want Cake"，"What's the Sound"，"Where is Louie"，"Where's the Dragon"，"Whose Hat is That"，训练学生的韵律和节奏。

（二）绕口令（2 课时）

朗读绕口令

1. I scream, you scream, we all scream for ice-cream!

2. The driver was drunk and drove the doctor's car directly into the deep ditch.

3. There is no need to light a night light on a light night like tonight. For a bright night light is just like a slight light.

4. Peter Piper picked a peck of pickled peppers. A peck of pickled peppers Peter Piper picked. If Peter Piper picked a peck of pickled peppers. Where's the peck of pickled peppers Peter Piper picked?

训练学生的口齿和流利性，解决语音问题。

（三）绘本故事（2 课时）

朗读经典英文儿童绘本"The Very Hungry Caterpillar"，在朗读中进一步训练连读、爆破、弱读和节奏。开展全班朗读、分角色朗读、分组朗读等多种形式的练习，提示学生在朗读中注意语气、语调的变化，做到有感情地朗读。

（四）朗读表演（1 课时）

学生分组自主编排一首儿歌，在课堂上展示。在排练的过程中，教师点化指导，让学生自主修改，最后让学生将自己的成果进行展示。

 **课程实施**

本课程用时 26 课时，每周 1 课时，每课时 60 分钟，以一学年为一个教学周期。实施之前通过自编、创编资料，互联网，多媒体，音像资料等选取适合小学五、六年级学生的，优秀的朗诵内容，通过社团活动时间，进行朗读学习，最后通过朗读表演进行学习成果的展示。

本课程采取以下方法，进行课程的实施：

（一）观摩鉴赏，培养欣赏水平

通过观摩能够使学生产生情感波动，让学生畅谈感受，学会鉴赏，激发兴趣。

（二）丰富朗读内容，提高朗读水平

朗读大量单词，使学生打好基础；朗读不同的句式，训练学生的语感；朗读多变的对话，培养学生的交际；朗读优秀的短文，提升学生的审美。

（三）丰富朗读形式，激发朗读的兴趣

让学生具有主人翁意识，自己选择朗诵的内容，并进行编排。通过朗读模仿、全体齐读、分小组和分角色朗读等，丰富朗读形式，并适当进行背诵。在活动过程中不仅培养学生的鉴赏能力和自主研学的能力，并且通过小组合作学习，让学生体会合作的重要性，最后让学生自豪于自己编排的朗诵表演。

（四）注重朗读指导，培养朗读的习惯

教师从语调、节奏和情感进行指导。学生通过模仿教师的发声、换气、肢体语言各方面，学习朗诵技巧，通过不断练习巩固技能，为英语朗读打下扎实基础，养成良好的英语朗读习惯。

（五）自主排练，展示风采

学生以小组形式自主选择一首儿歌进行编排，和全体共同编排一首朗读作品相结合，在学期末进行展示。在学生的编排过程中，教师进行必要的指导，鼓励学生自己修改，最后让学生展示出他们的编排成果。

 **课程评价**

本课程采用过程性评价和结果性评价相结合的方式进行考评。

（一）过程性评价：每月，结合学生在英语朗读课堂上的表现、课堂投入朗读的状态和课堂交流讨论展示的情况，评选出"每月朗读小能手"。

（二）参与性评价：每月，根据学生的出勤率、在课堂上的参与度、与同学的合作情况，评选出"每月朗读小达人"。

（三）积分制评价：期末，从按时上课、课堂参与、团结合作、勇于表达、个人创意、朗读表演 6 个方面以每项 10 分制的方式进行积分，评选出"朗读之星"。

（课程开发者：张净）

英语 Carnival

适用年级：一至六年级（必修）

 课程背景 ————————————————————————

英语 Carnival 即英语节，它是用英语语言为载体，通过漫步英语世界，领略异国风情，寓教于乐，用适合学生演唱或表演的节目等丰富多彩的活动展现的节日庆典。本课程目的是培养孩子的国际视野与本土情怀，通过表演、朗诵、竞赛、书法绘画等活动形式让孩子的英语学科核心素养、语言能力、思维品质、文化品格得到提高。

《英语 Carnival》是学生成就出彩人生，发展成为有生活品质的人的方式之一。该课程可以激发和培养学生学习英语的兴趣，使学生树立自信心，发展合作精神和创新精神，形成一定的综合语言运用能力，提升学生跨文化交际水平。使学生们在愉悦、向上的校园文化环境中活泼健康地成长，形成良好的校园英语文化氛围。

本课程秉持"To do the most, to show the best"的口号，倡导全员参与，使每个孩子都在英语 Carnival 活动中感受到英语的语音之美，表达英语之美，展现英语之美。孩子通过英语节的活动，了解世界和中西方文化的差异，拓展视野，培养爱国主义精神，形成健康的人生观，为他们的终身学习和发展打下良好的基础。

 课程目标 ————————————————————————

1. 通过参加英语 Carnival，在活动中调动多元感官全方位体验，进而掌握英语特有的发音、语调、韵律、书写技巧。

2. 通过把英语融入艺术、音乐、舞蹈、创编改编英语剧本等各方面，了解英语剧表演、英语歌曲演唱声乐等基本知识。

3. 通过活动中同伴的相互合作，感悟英语的语言之美、英文文字之美、英语剧的表现之美、英文诗歌故事的韵律之美。

 课程内容

确定内容健康向上、贴近学生生活、富有时代感的主题，以英语为主要语言表达形式，通过丰富多彩、形式多样的表演进行展示。鼓励学生自主创编和全班学生参与英语节。

第一主题：书写之美

主要内容：以"My English World"为主题，简要介绍如何设计版面、书写绘画的基本要领，让学生学会办英语小报。

第二主题：声音之美

主要内容：以"英语之声"为主题，学习适合各个学龄段学生的儿歌或流行歌曲等。

第三主题：展现之美

主要内容：以"英语之形"为主题，传授小小表演者在话剧表演中应具备的模仿力、想象力、自主创造力等，通过排练表演了解如何表达剧中人物情感，以此来锻炼学生的言语交流能力、情感表达方式、肢体协调性。让学生参与短剧创编、场景布置、服装选择、道具制作、演员指导、化妆等每一个环节，最后呈现出一台由学生们自己主演、色彩缤纷的儿童英语剧，展示给自己的家人和观众。

第四主题：竞技之美

主要内容：以"语言之美"为主题，以个人为单位进行各种形式的竞赛。教会学生如何备赛、心理调节、理性看待比赛结果。

 课程实施

本课程通过自编、选编、创编的剧本，音乐，互联网，多媒体课件，音像资料等资源，面向全体学生，根据节日安排，以一学年为一个教学周期。

（一）课程安排

第一单元 书写之美

1—2年级："创意英语字母绘画"展示

3—4年级："英语美文诗歌"书写展示

5—6年级："最喜欢的节日"英文报专题展示

第二单元 声音之美

1—2年级：英文儿童歌曲合唱

3—4年级：英文歌曲合唱

5—6年级：英文歌曲或诗歌配乐朗诵

第三单元 展现之美

1—2年级：萌动英语舞蹈

3—4年级：课本剧表演

5—6年级：英文经典话剧表演

第四单元 竞技之美

1—2年级：儿歌演唱

3—4年级：语音拼读比赛；阅读竞赛

5—6年级：经典诗歌、绕口令、疯狂 Reading、讲故事、歌舞剧、阅读竞赛

（二）实施途径

集中授课指导。通过多媒体课件教学，以实践练习为核心，采用表演、学习、讨论等多种方式共同教学。

1. 准备阶段

根据活动时间，成立领导小组和评委会，确立活动主题，各班级根据活动主题制定班级活动详细活动计划，做好各项前期准备工作，同时，后勤做好活动各项器材等准备工作。

2. 活动阶段

根据活动主题，组织活动实施，各班级根据选定活动内容进行排练和演出，开展相关评比，组织全校师生进行观看。可根据不同年段，选定不同活动板块，在活动过程中，开展综合性评比，增强学生的班级凝聚力，充分展示学生英语运用能力，提高学生英语兴趣和审美情趣。

3. 总结阶段

结合活动效果，由校领导对全校同学进行思想教育，并评选出优秀班级和个人，各班主任对班级活动进行总结。

课程评价

本课程的评价以促进学生的个性发展为指导思想。首先要考察的是学生在这门课程中的参与程度，其次要考察的是学生对相关知识的掌握程度，再次要考察的是学生将理论知识运用于实践的能力。评价方法如下：

（一）展示性评价

1. 学生展示自己的英文书写和小报作品，每班小评委评选优秀作品展示。

2. 英语儿歌表演、课本剧表演、英文经典话剧表演全校展演后，将视频上传至微信等公众平台进行投票。

（二）竞赛性评价

1. 合唱比赛：曲目选定 10 分；吐词清晰、语音语调自然 40 分；节奏音准 20 分；整体艺术表现、服装和台风 30 分。

2. 英语阅读竞赛：按竞赛名次，参赛选手中前 50％ 获奖。然后再按照 2：3：5 的比例取一、二、三等奖。

（课程开发者：潘荣、袁晓艳）

第三章　完美思维：对话深邃的灵魂

思维是智力的核心要素，是衡量一个人智力水平的重要标准。人的一切创造性活动都与思维力有关，恩格斯曾说"思维是地球上最美丽的花朵"。一个人成才与否，关键取决于是否自幼接受思维的训练，统观古今中外有杰出贡献的人，大多思维力都异常敏捷。无论整个社会还是独立个人，都需要思维，都需要智慧。可以这样说，真正的教育应是智慧的训练。从深层意义上说，思维就是与灵魂的自我对话。

教育的最高境界就是对智慧的启迪。关于智慧，自古以来人们歌之、咏之、羡之、慕之。思维是智慧的最美呈现，智慧是静态的，而思维是动态的，不经过思维，就得不到智慧。智慧的核心是思维，思维决定着一切智力活动的开展，一个人思维能力强不强，决定着一个人聪明不聪明，有没有智慧。要使自己智慧起来，聪明起来，最根本的办法就是进行思维能力的培养。思维是生命的必然，智慧的生命必有敏捷的思维，人可以没有智慧，但绝不可以没有思维。

思维能力是学生智能的核心，教育就是教人去思维。贝斯特说过："学校的存在总要教些什么东西，这个东西就是思维能力。"在学生的脑力劳动中，学生会主动思考，远胜于背书和记住别人的思想。因此，教学的目的，不仅在于传授知识，而且在于注重学生思维能力的培养，启迪思维与灵魂的自我对话。

布鲁纳指出："思维不能在真空中发展。""完美思维"课程是学生思维发展的良好载体，数学则是进行思维锻炼的良好载体，良好的数学学习能够促进学生数学思维的发展。同时，结合学校特色及孩子年龄特征，对"完美思维"课程进行拓展延伸：一是数学文化课程，拓展和延伸教材内容，开拓学生的学科视野，帮助学生理解数学内涵，提高数学素养；二是思维趣味课程，通过日常专项训练、午间课程、数学阅读、实践活动等方式，将抽象的数学知识蕴含于孩子们喜欢的游戏中，增加他们知识的广度和深度，提高思维的敏捷性和灵活性；三是财商课程，在潜移默化中培养学生的理财意识、规划意识。

杜威曾说："学习就是学会思维。""完美思维"课程以多元、自主、整合的方式，给予学生思维的"第三只眼睛"，让学生与智慧相通、与思维相连，扩展学生的思维视角，激发学生的思维潜能，期望让学生看得更多、更远、更深刻。

（蒋成羽）

数学文化奇兵营

适用年级：五年级（选修）

 课程背景

　　在璀璨的社会文明中，数学作为人类文化的重要组成部分，源远流长、博大精深。在孩童眼里，它不应该是枯燥的加减乘除，也不应该是纯粹的公式定理，更不应该是繁琐的题海与冰冷的美丽。它应该是"科学的王后"，它应该是"火热的思考"，它应该是"美味的营养餐"。翻开数学文化的画卷，孩子们就能品味数学的无穷魅力，体验探究的无限乐趣，感受数学世界无尽的人、文、情。

　　为了充实数学文化的学习内容，我校在五年级开发和实施了《数学文化奇兵营》课程。透过这五彩斑斓的数学文化万花筒，学生将初步了解一些数学发展史和数学故事，感悟数学家的人格魅力，掌握基本的数学思想和方法。学生将在优秀文化的熏陶中，拓宽视野，有滋有味地学数学，并用数学思维触摸现实世界，用数学智慧创造未来世界。

　　《数学文化奇兵营》的课程理念是：文化之旅，助力奇兵。此课程的开设将使孩子们驻扎于一片以数学文化为核心的营地，其间兴趣盎然的数学游戏、扣人心弦的数学故事、引人入胜的数学推理是营地生活永恒的话题。数学奇兵营的文化之旅不仅是有趣的旅行，更是智慧的旅行、思想的旅行。每一位数学奇兵都会在旅途中进一步理解数学、喜欢数学、热爱数学，积淀丰富的数学文化素养。

课程目标

1. 了解数学发展史和数学家，会讲数学故事，探索数学游戏的奥秘，感悟数学思想方法。

2. 感受数学与历史、数学与生活、数学与科学、数学与艺术的密切联系，体验学习数学的乐趣与价值，积淀数学文化素养。

课程内容

此课程主要以教科书和《小学数学文化丛书》为学习素材，涵盖小学生的日常生活、自然、环境、健康、艺术、科学、游戏、数学发展史和经济发展过程，以及数学家的思想和贡献等内容，包括以下 4 个模块：

（一）历史与数学

古今中外数学发现的历史成就及数学家的故事，都蕴含着丰富的数学思想方法。在历史与数学驿站，小奇兵们将从了不起的《九章算术》、神奇的功勋、刘徽的"割补术"、毕达哥拉斯的故事、别具一格的数学符号和数学家的墓志铭中，欣赏到数学理性的光芒，感悟数学文化的博大精深和数学精神的无穷魅力。

（二）生活与数学

在这段旅途中，小奇兵们将发现标志设计的奥妙，设计富有创意的图案，学会生活中的分段计费，破译天坛的数字密码，运用体积的知识技能，解决生活中的实际问题。他们由此将习惯于用数学的眼睛观察生活，用数学的头脑思考生活，用数学的语言表达生活。

（三）思维与数学

数学是思维的体操。探索数学规律，建立数学问题模型，是提升孩子思维品质的重要途径。此次旅行，小奇兵们可以畅游数阵图迷宫，寻找循环小数的独特规律，探秘正多面体的数学结构，巧妙计算面积问题等。这是充满智慧的旅行。

（四）游戏与数学

玩转游戏，学好数学，一起揭开数学游戏的奥秘。在这段旅途中，小奇兵们将自主探索魔法纸牌的秘密，感受"我的游戏我做主"的奇妙，积累玩魔方的活动经验，破解标签大反转的机密，体验推理的乐趣，实现从游戏菜鸟向游戏高手的完美蜕变。小奇兵们带着那颗对数学永葆好奇的心，尽情享受快乐而富有挑战的数学文化之旅！

 课程实施

《数学文化奇兵营》课程专为对数学文化有兴趣的学生开设，课程资源主要选自《数学文化读本》教材和网络相关资源。以一学年为一个教学周期，上期12课时，下期12课时，共24课时，每周1课时，每课时60分钟。实施的教学方法如下：

（一）课前交流法

每堂课课前5分钟由数学小博士进行文化交流。主讲人可以由学生主动申请，也可以由教师指定或依次轮流选出。交流内容由主讲人查找资料后确定，数学历史、数学故事、数学家的故事、数学游戏、经典名题均可。主讲人要整理好资料，并做成PPT。

（二）趣味游戏法

根据数学文化内容板块的不同，选择相应教学策略，吸引学生积极参与学习过程。可以适当开展五年级学生喜闻乐见的游戏或竞赛，比如数学迷宫、24点速算以及知识抢答等。边玩边学，让学生感觉数学学习奇妙又刺激。

（三）拓展阅读法

学生养成经常梳理所学数学文化知识的习惯,使其形成系统的知识结构。鼓励学生通过书店、数学博物馆、网络资源等渠道,了解更多的数学文化知识。鼓励他们多阅读一些数学文化读物,比如《幻想数学大战》、《数学家的眼光》、《李毓秀讲数学童话》、《画中漫游微积分》等。

 课程评价

（一）关于评价的学习效果要求:每期能详细讲述 3—5 个数学故事,领悟其中的数学思想方法;能设计和组织玩 2—3 个数学游戏,并对游戏和参与者进行评价;能用PPT 展示学习成果。

（二）采取积分制评价,以晋级数学奇兵头衔等级的方式进行评价。根据每次上课的累计积分,评数学奇兵,其头衔从数学普通奇兵、数学二级奇兵、数学一级奇兵到数学特级奇兵,逐步晋级。

《数学文化奇兵营》课程学习评价表

评价指标		分值	评价			
			自评 （20％）	互评 （30％）	师评 （50％）	综合评价
平时课堂学习情况60％	兴趣浓厚、做到全勤	10				
	数学文化小博士交流	10				
	遵守纪律、认真听讲	10				
	积极思考、踊跃发言	10				
	善于合作、主动探究	10				
	完成数学文化作业	10				

续　表

评价指标		分值	评价			
			自评（20%）	互评（30%）	师评（50%）	综合评价
期末成果展示情况40%	会讲数学故事	10				
	能玩数学游戏	10				
	成果展示与交流	20				
评定等级						

（课程开发者：陈雨）

数学文化淘宝营

适用年级：三年级（选修）

 课程背景

　　《义务教育数学课程标准（2011 年版）》里提到"数学是人类的一种文化，它的内容、思想、方法和语言是现代文明的重要组成部分"。数学文化涉及数学史知识、数学思想方法、数学精神和数学活动。数学文化是数学学习的基石。

　　日本著名数学家米山国藏认为，"学生们在学校获取数学知识，成为社会中一员后，往往会在一两年里遗忘掉这些知识。但数学精神和数学思想方法仍镌刻在他们脑海中，持续性地在生活和工作上发挥效用"。学生步入小学中段，渐渐学会了自我思考，他们对数学知识的起源和发展萌生了好奇心。因此，学校开设数学文化课程，有助于学生探索和理解数学学科发展，提升学生的数学文化素养。

　　《数学文化淘宝营》课程的核心理念是：以文化人，淘数学之宝。本课程用生动有趣的数学家故事，激发学生学习数学的兴趣和向数学家学习的愿望。通过了解一个个数学概念发生、发展的历史，丰富学生的数学文化知识，让学生在数学知识的宝库中享受数学文化大餐。

 课程目标

　　1. 了解计时工具、算盘、小数、纪年法等数学知识的演进历程，掌握一些重大的数学事件，具备绘声绘色地讲数学故事的能力。

2. 通过典型例题，体会类比、正向思维和逆向思维等数学思想，学会用数学眼光提出问题，解决问题。

3. 了解数学与各个领域的联系，开阔视野；在游戏中，体验学习数学的乐趣，激发对数学的热爱。

 课程内容

本课程以《小学数学文化读本》为素材，选取贴近三年级教科书的数学文化知识，在历史、生活、思维、游戏四个方面结合数学进行探讨学习。课程内容主要涉及小学生日常生活、科学、艺术、游戏、思维方式、数学发展史等方面。

（一）历史与数学

了解数学家的故事、数学悠久的历史、古今中外数学演变过程中取得的成就等。如通过绘本故事了解计时工具从测影计时到铜壶滴漏的发展过程；分数的发展历史；指南针的来历；认识并区分年号纪年法、公元纪年法；小数的产生过程和世界各国小数点的不同表示方法。

（二）生活与数学

巧用数学知识解决生活中的实际问题。如了解数学家欧拉提出的七桥问题，与小组同学进行一笔画游戏；学会利用大自然的相关现象辨别方向，并尝试自制指南针；制作简易日晷和当年的日历。

（三）思维与数学

探索数学规律，建立数学问题模型。通过"一抓准"活动，体验质量单位克、千克，学会用比较法抓取一定质量的物体；从李白买酒的经典数学故事中，体会逆向思维的妙用；从登山问题联想生活中的正向思维和逆向思维，用分析方法和综合方法解决实际问题。

（四）游戏与数学

掌握游戏秘诀，玩转经典的数学游戏。通过自编游戏"有趣的方向棋"，让学生掌握游戏规则，模仿和创编自己的方向棋游戏，巩固对地图中方向的辨识；了解 24 点游戏的由来，学习常用的解 24 点方法"凑 1、0 法"；玩 24 点，组织比赛。

 课程实施

《数学文化淘宝营》课程专为对数学文化有兴趣的学生开设，坚持小班制教学，每学年 20 课时，每周 1 课时，每课时 60 分钟，课程资源主要选自《数学文化读本》教材和网络资源。本课程采取以下教学方法：

（一）素材法

提供丰富的培养情感、态度、价值观的数学文化素材，反映数学与人类生活的密切联系以及数学的文化价值，用数学的魅力和学习的收获激发学生的学习兴趣与内在动机。同时鼓励学生根据自身需要，阅读数学科普读物《我超喜爱的趣味数学故事》、《马小跳玩数学》等；利用互联网、数学电子阅览室等渠道，查找相关资料。学生自学情况在期末考评中占 10％的分值。

（二）游戏法

儿童以游戏为生活，好游戏是儿童的天性。寓教于乐，适度开展游戏及竞赛，指导他们自创游戏，如自制方向棋、猜谜、举办 24 点竞赛等，有助于提高学生学习数学文化的兴趣，有助于训练、培养学生辨析和解决问题的能力。

（三）实践法

学习的兴趣和知识的运用密不可分。当学生用数学智慧解决一些日常问题时，就能获得成功的体验，由此激发学生对此课程源源不断的热爱。因此，我们在课程中安排了一些实践活动，主要包括：动手测量物体质量，体会"一抓准"的奥秘；制作简易计时工具日晷和刻漏,感受古代中国人民的智慧;制作年历卡,感悟数学和生活息息相关。通过设计与制作活动,培养学生动手操作能力,积累活动经验,增强学习信心。

 **课程评价**

本课程要求学生每期能详细讲述 3—5 个数学故事;会玩 2—3 个数学游戏,且知道游戏中的数学奥秘;能用数学小报展示学习成果。采用参与性评价和展示性评价:

(一) 参与性评价

根据学生的出勤情况(兴趣浓厚,按时到课)、课堂情况(课堂纪律,认真听讲)、发言情况(积极思考,踊跃发言)、合作情况(根据玩数学游戏表现给分)和完成课堂作业(收集课堂资源)情况,从自评(20%)、互评(30%)和指导教师评价(50%)三个维度,反馈学习过程中的状态。

(二) 展示性评价

1. 通过给同学、老师、家长讲数学故事,根据听众的反馈积星,每个故事一颗星(故事不重复),每颗星 4 分(满分 20 分)。后附"数学故事积星表"。

2. 学生根据学习内容,办一张数学文化小报,在班级内进行汇报展示。得分由学生自评(20%)、互评(30%)和指导教师评价(50%)组成。

最后根据学生得分情况,按照 A、B、C、D 四等作等级评价。人数比例:A 占 30%,B 占 40%,C 占 20%,D 占 10%(如果学生整体优秀,可调节各等级的比例)。

数学故事积星表

时间	故事题目	听众签字	积星

《数学文化淘宝营》课程学习评价表

评价指标		分值	评价			
			自评 （20%）	互评 （30%）	指导教师 评价（50%）	综合 评价
参与性评价 60%	出勤情况	10				
	课堂情况	10				
	发言情况	10				
	合作情况	20				
	课堂作业	10				
展示性评价 40%	讲数学故事	20				
	小报展示汇报	20				
综合评价						
评定等级						

（课程开发者：郑瑶）

数学文化智囊团

适用年级： 四年级（选修）

 课程背景

　　数学文化不仅包括数学知识与技能、数学方法与思想，还包括史料与故事、美学与发展，它是人类文化、人类文明的一个重要组成部分，在人类的发展史上起着举足轻重的作用。将数学文化融入数学教学之中，有利于激发学生的数学学习兴趣、拓展学生的数学视野。

　　我校四年级开设的《数学文化智囊团》课程，为学生们展现了一个五彩缤纷的数学世界：数学的发展史、数学名人的经典故事和数学变革的重大事件等，更注重探求数学知识背后的文化内核，获得数学文化的多元养分。如此更富启迪意义和发展张力的数学文化，方便学生更好地了解、解读、学习数学。

　　《数学文化智囊团》课程的核心理念是：成就有数学思想的小脑瓜。数学即思，学生只有在不断的思考中才能提升数学能力。本课程的开设旨在让学生学会用数学的眼光去看世界，用数学思维去解决实际问题，提升对数学的整体认识，体验学习数学的乐趣，保持热爱数学的情感。

 课程目标

　　1. 了解数学的发展史，熟悉一些数学家的故事。

2. 以数学教材为基础,巧妙融合数学游戏、实践等活动方式,让学生感悟数学思想方法,学会用数学的眼光去看世界。

3. 了解数学与生活、数学与艺术、数学与科学等领域的联系,开阔视野,体验学习数学的乐趣,保持热爱数学的情感。

 课程内容

主要以教科书和四年级《小学数学文化丛书》为学习素材,包括小学生的日常生活、自然、环境、健康、艺术、科学、游戏、数学发展史和经济发展过程以及数学家的思想和贡献等内容。将课程内容分为以下四个板块:

(一) 历史与数学

通过介绍数学文化的起源和由来,从历史的角度开拓学生的认识视域,丰富学生的精神世界,让学生在实际生活中真正感受到数学的文化特性。例如学习古人记数方法的特点,利用已经学过的知识和类比的方式学习一些记数方式;了解人造卫星的历史;了解点线面圆心角等的来源;查询利玛窦其他有趣的故事;跟着苏步青爷爷学习巧解"相遇问题"的方法。

(二) 生活与数学

大自然的规律是用数学书写的,因此数学教学应该遵循"源于生活并用于生活"的理念,让学生感受到数学就在他们身边,体会到学习数学的乐趣和作用。如探索神奇的人造卫星;通过阅读权威报告和制作统计表深入了解心率中的大数与统计;了解与生活密切相关的进制;了解角与观察归纳方法,知道生活中的特殊角以及特殊角的运用;掌握生活中其他常见的编码,并了解二维编码;能用四则混合运算知识辨析日常生活中的数学陷阱。

(三) 思维与数学

以《数学文化读本》为素材,通过具体数学知识的教学,使学生学会运用一般思维

（如抽象、类比、归纳），在此基础上增加难度与复杂性，使学生接触特殊的数学思维，从而形成对数学思维的自觉应用。如通过观察、学习、理解和掌握乘法分配律的意义，用乘法分配律及其推广解决数学问题；掌握格子乘法的计算并利用格子乘法原理解决问题；了解等分线段和科克曲线的画法，体会有规律的变化；根据出游中的统筹、优化思想，查阅资料定制班级出行计划；辩论平均数是"球"吗。

（四）游戏与数学

数学发展的主要动力之一是游戏精神。因此数学的成长和发展离不开游戏。游戏对许多重要数学思想的产生和数学知识的传播起着重要作用，也是发现数学人才的重要途径，能够直接让学生感受到数学不是乏味枯燥的，而是灵活充满乐趣的，从而激发学习兴趣。如通过掌握数学排列、探索规律和逆推的数学方法，运用类比法获得抢数游戏取胜的方法；通过摆放卡片的游戏续写小数的故事，感受小数点位置的重要性；用七巧板拼摆图形、美化生活、创新七巧板，发展学生的思维。

 课程实施

《数学文化智囊团》课程专为对数学文化有兴趣的学生开设，本课程以一学年为一个教学周期，上期 13 课时，下期 13 课时，共 26 课时，每周 1 课时，每课时 60 分钟。课程资源主要选自《数学文化读本》教材和网络相关资源。本课程主要采取以下教学方法：

（一）故事欣赏

鼓励学生根据自己的需要利用网络资源、数学博物馆、数学杂志、读本等资源收集一些关于数学历史、数学故事、数学家的故事的内容，在课堂上利用 5—10 分钟的时间和大家一起分享，一起感受数学文化，品味数学魅力。

（二）游戏竞赛

根据不同的数学文化内容板块，选择相应教学策略，吸引学生积极参与学习过程。

游戏设计与数学课本的某些知识相结合,通过喜闻乐见的故事、魔术、游戏等方法,呈现数学的神奇、数学的美妙,从而激发学生的兴趣,发展学生思维,提升分析问题和解决问题的能力。如数学迷宫、玩转七巧板、挖宝藏、数学文化知识抢答比赛、对抗赛、神奇的小不点等等。

（三）联系生活,感悟内化

数学源于生活,并服务于生活。学生尝试将知识进行自我梳理和内化,并运用到生活中来,积累一定的实践经验,从而深切地感受到"用"数学的魅力。因此将开展丰富的实践活动：小组合作开超市,感受小数点在生活中的加加减减;亲手制作一副简易七巧板,感受图形的魅力、七巧板的魔力;画科克雪花,感受规律的变化。

 **课程评价**

本课程将采用参与性评价和展示性评价两种评价方式。

（一）参与性评价

根据学生平时课堂的参与度和积极度,从自评、互评和师评三个角度作出不同的评价。

（二）展示性评价

能详细讲述 3—5 个数学故事,领悟其中的数学思想方法;能组织玩 2—3 个数学游戏,并对游戏和参与者进行评价;能用小报展示学习成果。

《数学文化智囊团》课程学习评价表

评价指标		分值	评价			
			自评 （20%）	互评 （30%）	师评 （50%）	综合评价
课堂参与 60%	兴趣浓厚、做到全勤	10				
	数学文化小博士交流	10				

续　表

评 价 指 标		分值	评价			
			自评 （20％）	互评 （30％）	师评 （50％）	综合 评价
	遵守纪律、认真听讲	10				
	积极思考、踊跃发言	10				
	善于合作、主动探究	10				
	完成数学文化作业	10				
成果展示 情况40％	会讲数学故事	10				
	能玩数学游戏	10				
	成果展示与交流	20				

（课程开发者：代庆琳）

数学文化童乐站

适用年级：二年级（选修）

 课程背景

　　数学文化是数学的一个重要组成部分，是学校数学课堂教学和教材的补充，为学生学习数学起到积极作用。数学文化包括了数学常识、数学规则、数学实践、数学事件、数学意识、数学思维、数学理论、数学精神等。

　　进入二年级，学生对数学历史、典型数学问题、问题背景等产生了兴趣。然而在日常的数学教学中与数学文化相关的内容比较少，涉及的深度和广度也不够。为了充实数学教材中的数学文化内容，我们为二年级的学生开发和实施了《数学文化童乐站》的校本课程，让学生在学习数学过程中体会到数学的魅力，领会数学的文化精髓。

　　《数学文化童乐站》课程的核心理念是：文化之旅，童乐无穷。此课程的开设为学生们展现一个丰富多彩的数学世界，显示了数学的乐趣与无穷变化，连接了数学与文化。数学文化不仅是好玩的旅行，更是文化的旅行、益智的旅行、思维的旅行。它有利于学生更好地认识数学、理解数学、运用数学，开阔学生眼界，增加学生的数学学习的广度和深度；有利于提高学生学习能力、动手实践能力、团结协作能力和创造能力，从而提高自身的文化涵养。

课程目标

1. 了解乘、除法的产生和发展，知道质量单位、时间单位演变过程，进一步认识生活中的几何图形。

2. 通过本课程学习，增强数感、提升推理能力、发展空间观念、养成创新意识。

3. 感受数学与生活的密切联系，提高学习数学的兴趣。

 课程内容

此课程主要以教科书和《小学数学文化丛书》为学习素材，涵盖小学生的日常生活、自然、环境、健康、艺术、科学、游戏、数学发展史和经济发展过程，以及数学家的思想和贡献等内容。包括以下 4 个模块：

（一）历史与数学

1. 统计问题：古代记录人口土地基本情况，表明统计的久远；西周建立了统计报告制度；统计的一些不同记录法。

2. 计算工具：知晓算筹，知道算筹的计算规则；了解算盘发展过程，学会简单利用算盘进行计算；了解现代多样化的计数工具。

3. 符号口诀的来历：知晓"＋""－"由一位德国数学家首先使用，"×"由英国数学家欧德莱首先使用；了解《代数学》正式把除号作为运算的符号；了解"()、[]、{}"的运算顺序。

4. 数学家的故事：中国从古至今有许多出名的数学家，他们在一些领域取得国际领先的水平。比如华罗庚、陈景润、丘成桐等。

（二）生活与数学

生活是数学的源头；数学是生活的抽象。最终数学应该用于生活。日常生活中的许多复杂情景都可以通过抽象概括简化成一个或多个数学模型来分析解决。

1. 相等问题：我们用"移多补少"的思想可使不等量转化成相等量。通过分析两个已知数量间的联系，再用"移多补少"的方式，把本不相等的量转化成相等量的问题加以解决。

2. 时钟问题：时间是钟面上某一时刻，从开始时刻到结束时刻之间经过的间隔；这不仅是时间的知识，还可以类比到平均分、植树等数学问题。

3. 合理安排：合理安排时间可以使我们在较短时间内完成必须或者紧急的几件事。知道并学会使用优选法和统筹法。

4. 年龄问题：年龄问题的重点在于每过一年，每个人年龄都要长一岁。年龄会变，两个人的年龄差却不会变。

（三）思维与数学

提升学生思维品质的必要途径包括探索数学规律，建立相应的数学模型。学生们通过这些练习可以提高逻辑能力。

1. 数数图形：数图形个数时，需要细心观察，按照一定的顺序或规律去数。

2. 画画凑凑：用画图的方法，解决鸡兔同笼、植树等问题。

3. 排队问题：解决这类问题要找到标准，知道标准的左和右相应的人数，从左右数他是排第几。关键要找出重复部分再解答。

4. 简单推理：根据已知的事实，推断出某些结果。

（四）游戏与数学

爱玩游戏是学生们的天性。在数学教学中融入游戏，学生们会更喜欢数学，更加积极主动地学习数学。

1. 图形游戏：自己动手画一个喜欢的图形，弄懂对称的含义，找出生活中的对称图形，再创造一个对称图形；我们从图形的形状、位置、大小、方向等方面观察、比较，找出其中一个不一样的图形或者按照规律接着画下去；经典的一笔画图形简而言之就是能一笔画出来的图形。它要求从某个点开始,笔沿着图形,并且每条线段都只能且必须画一次。

2. 巧用七巧板:按照给定图形临摹图形;根据轮廓摆出图形;利用图形变换设计创新图形,激发学生兴趣,培养实践能力。

3. 俄罗斯方块的秘密:寓教于乐,从游戏中培养学生空间观念,使学生们自主探究俄罗斯方块的秘密。

4. 数字游戏:根据题目条件和要求添加运算符号和括号,应用试验法、凑数法、综合法等方法,改变运算结果。

5. 移动火柴棒:用火柴摆算式,移动火柴改变数或符号,使等式成立。在图形的拼摆中,移动火柴,增加或减少图形。

 课程实施

本课程以一学年为一个教学周期,上期 13 课时,下期 13 课时,共 26 课时。每周 1 课时,每课时 60 分钟。具体实施路径与方法如下:

(一) 故事呈现法

教师将丰富的数学文化内涵转化为生动有趣的故事,通过文字及图片资料、实物、播放视频等方式呈现给学生,向学生传授数学文化知识。

(二) 自主探究

教师以拓宽学生视野培养数学兴趣为导向,以学生、师生共同感兴趣和发现的问题为契机,通过开展探究性学习,提高学生分析问题、解决问题的能力。

(三) 小组合作

教师根据学习内容,选择适合学生合作探究的问题,让学生在分组讨论中互教互学,利用教学中的生成互动,促进学生的共同学习,达到共同提高的目的。

课程评价

本课程的评价分考评分"平时考核"和"期末综合评定"两部分：

（一）平时过程考核

出勤情况、提问检测、作业情况、个体创作。

（二）期末综合评定

简述数学故事，玩简单数学游戏，画数学文化绘本。

考评按照自评、互评、指导教师评价相结合的原则进行，最后形成综合评定等级。其中，自评权重为 20％，互评权重为 30％，指导教师评价权重为 50％。

学生评价等级分为优、良、合格与待合格四级。80 分及以上为优秀，70—79 分为良好，60—69 分为合格，60 分以下为待合格。

《数学文化童乐站》课程学习评价表

评价指标		分值	评 价			
			自评（20％）	互评（30％）	指导教师评价(50％)	综合评价
平时40％	出勤情况	10				
	提问检测	10				
	作业情况	10				
	个体创作	10				
期末评定60％	简述数学故事	20				
	玩简单数学游戏	20				
	画数学文化绘本	20				
综合评价						

（课程开发者：胡洪燕）

游戏与数学

适用年级： 四年级（选修）

 课程背景

　　游戏不但能给学生带来快乐，也能带来学习的乐趣与激情，将数学知识、数学思维融于游戏中，能让学生更好地理解、运用数学。

　　为了让我校的学生体会到数学的好玩之处、认识到数学与游戏的相互关系，开发和实施了《游戏与数学》课程。课程结合小学一至四年级的主要数学内容，根据学生的数学能力，由浅入深地编排了 18 个游戏。在玩游戏中，学生将了解游戏的规则，掌握游戏的玩法，掌握运用数学知识进行游戏的技巧，感受游戏的趣味性，体会游戏与数学的紧密联系。

　　本课程秉承以下理念：趣味数学，乐玩乐学。此课程的开设使学生在充满活力的游戏中感受数学的美妙与神奇，体验数学的思想和方法，让学生那颗数学的好奇心在游戏的世界里快乐地翱翔！

 课程目标

1. 掌握游戏的玩法，掌握运用数学知识进行游戏的技巧。
2. 激发学习积极性，体会游戏与数学的紧密联系。

 **课程内容**

本课程以玩数学游戏为主题,内容从游戏包含的数学知识或运用的数学思想方法的角度分为六个模块:

(一) 精彩的数字游戏

用 0—9 这 10 个阿拉伯数字设计游戏,具有简单、好玩的特点,极具趣味性。本课程的数字游戏有 3 个:

1. 数字碰碰车:在 n 乘 n 的方格中进行加、减、乘、除运算,体会一一对应的数学思想。

2. 数字搬家:利用合适的方法快速记忆 n 乘 n 表格中的数字,创设多种记忆方法,提高学生记忆力。

3. 猜数字游戏:根据四则运算中各部分间的关系,还原字母或汉字。

(二) 缤纷的图形游戏

图形游戏具有直观、形象、操作性强的特点。本课程的图形游戏有 7 个:

1. 俄罗斯方块:认识俄罗斯方块的不同形状,会用这些形状拼出轴对称图形,会玩俄罗斯方块游戏。

2. 美丽的窗花:利用图形的对称剪窗花,培养学生空间思维能力和动手操作能力。

3. 玩转火柴棍:用火柴棍摆图形和变换图形,使移动的次数最少。

4. 打开密码门:移动图形的位置,将蓝红排列变成蓝红相间排列,使移动的次数最少。

5. 栽树游戏:通过画图的方法,利用重点,解决棵数最少而每行尽量多的问题。

6. 逃离三角形怪兽:即"西蒙斯游戏",在圆盘中任意连接两个字母,不能围成三角形,体会三角形的趣味性。

7. 一封读不懂的信：运用密码表翻译密码信，写密码信，体会对应思想在游戏中的使用。

（三）好玩的运算游戏

本课程设计了一个运算游戏：小小神算手，主要研究两位数、三位数乘 11 的速算方法。

（四）睿智的策略游戏

数学中的策略游戏即是利用数学知识、数学思维分析、探究、找寻解决问题的方法。本课程安排了 4 个策略游戏：

1. 大破数阵图：通过尝试、探究，发现、总结在不同数阵中破解的方法。

2. 喝果汁的学问：采用有效策略，用 5 升杯和 3 升杯将 8 升果汁平均分成两份。

3. 看谁笑到最后：利用有余数的除法这一知识，探究取小棒中的获胜策略。

4. 巧妙过河：以学生的生活经验为基础，分析事物间的相互联系，找到过河的最优方案。

（五）神奇的推理游戏

本课程安排了一个推理游戏：火眼金睛辨真假。它根据提供的多个条件分析语言，辨别真假，培养学生的逻辑推理能力。

（六）刺激的魔术游戏

本课程包含 2 个魔术游戏：

1. 骨牌魔术：不改变骨牌的摆放顺序，移动骨牌，猜测移动了几块。培养学生的逻辑思维能力。

2. 神奇的钟面：通过在钟面上想数、指数，探究正向数和反向数。

 课程实施

本课程以一学年为一个教学周期，共 23 课时，每课时 60 分钟。教学要准备教案、多媒体课件、游戏道具、微课、视频等资源。具体采取以下教学方法：

（一）情境创设法

情境创设法是运用具体活动的场景或提供学习资源，以激起学生主动学习的兴趣，提高学习效率的一种教学方法。例如：在教学《打开密码门》一课时，教师利用课件的形式为学生创设为博士的实验室开门的情境，为良好的教学效果起到了铺垫作用。

（二）动手操作法

动手操作法是学生借助学具，通过亲自动手参与各种活动获得数学知识，掌握数学方法的教学方法。本课程采用此方法的游戏较多，如：《俄罗斯方块》、《美丽的窗花》、《玩转火柴棍》、《骨牌魔术》等。教学时注意教具、学具的准备，如要让学生准备需提前布置。

（三）自主探究法

本课程大量运用自主探究法，让学生在独立思考、与人合作中发现数学学习的乐趣，了解学习过程中知识间的联系，使学生对知识的学习逐渐形成网络。如：《大破数阵图》、《喝果汁的学问》、《看谁笑到最后》等，都可采用自主探究法。

（四）巩固练习法

本课程的巩固练习则主要采用玩游戏的形式。如：《数字搬家》、《小小神算手》、《猜数字谜》等，可以通过反复练习提高游戏水平。

（五）竞赛展示法

竞赛展示法即是通过竞赛的形式展示学生的学习情况，让学生在赛中激趣、提能。比赛分两个时段：一是每节课后的竞赛；二是学期末的竞赛考核。通过竞赛的形式，提高学生技能、培养兴趣、增强其自信心和自豪感。

 **课程评价**

根据《游戏与数学》的课程特点，采用过程性评价与结果性评价相结合的方式。

（一）过程性评价

过程性评价包含：课前准备、出勤情况、课堂参与、与人合作、课后作业五个部分，每个部分 10 分。平时要做好记录，一个月公布一次。

（二）结果性评价

结果性评价采用玩游戏的方式，学生自由选择两个游戏，自由选择与同学进行游戏，教师根据学生在游戏中的表现进行评价。

《游戏与数学》课程学习评价表

评 价 指 标		分值	评 价			
			自评 （20％）	互评 （30％）	指导教师 评价（50％）	综合 评价
过程性 评价 50 分	课前准备	10				
	出勤情况	10				
	课堂参与	10				
	与人合作	10				
	课后作业	10				
结果性评价		50				
评定等级						

（课程开发者：陈艳）

趣味魔方

适用年级：五年级（必修）

 课程背景

　　《义务教育数学课程标准（2011年版）》指出数学是研究数量关系和空间形式的科学。在数学课程中，应当注重发展学生的数感、符号意识、空间观念、几何直观、数据分析观念、运算能力、推理能力与模型思想。魔方课程的开设可以发展学生的空间与图形概念，培养数学能力与想象能力，为后续学习奠定坚实的基础。

　　魔方是匈牙利建筑学教授和雕塑家厄尔诺·鲁比克1974年发明的机械益智玩具，对儿童形成良好的思维方式和思维习惯有重要作用。首先，魔方可锻炼学生手指的灵活度，在手和大脑协调配合的过程中实现对儿童智力的开发；其次，魔方可以培养学生的记忆力；最后，魔方有利于学生对空间知识的认识。

　　《趣味魔方》课程的核心理念是：趣味魔方，变化无穷。我校开发《趣味魔方》校本课程，旨在挖掘魔方中的数学元素，让小学生在玩魔方的过程中，学会用数学的眼光去认识魔方，用数学的思维和方法去解释魔方，在玩魔方的过程中获得广泛的数学活动经验，体会数学的魅力和数学思想方法的应用价值。

 课程目标

　　1. 了解魔方的发明与发展历史，能顺利复原三阶魔方。

2. 在魔方复原与比赛的过程中提高自己的观察能力、动手操作能力、分析能力和逻辑推理能力。

3. 在魔方复原过程中体会数学，提高数学学习兴趣，学会合作、学会创造。

 课程内容

本课程以玩魔方为线索分为魔方初探与魔方原理揭秘、魔方教学、成果展示、研究性学习四个内容：

1. 魔方初探与魔方原理揭秘

学生通过图片、实物认识三阶魔方，并通过拆装魔方了解魔方的构造与翻转原理。观看有关魔方的视频，了解魔方的魅力，提高学生对魔方的兴趣。

2. 三阶魔方复原教学

（1）学习三阶魔方顶层（白色）"十"字、复原顶层（白色）。

（2）学习复原三阶魔方（白色）顶层一面、白色一层。

（3）掌握第二层的复原。

（4）顶层"十"字（倒置后的黄色顶层）、复原顶层一面（倒置后的黄色顶层）。

（5）复原顶层一层（全部复原）。

3. 成果展示

学生之间通过竞速比赛，提高学习的兴趣与积极性。

4. 拓展学习

鼓励学生在掌握了三阶魔方复原的基础上，去尝试其他类型的魔方，如五阶、七阶、镜面魔方等，使他们相互之间交流复原经验与技巧。

 **课程实施**

本课程资源主要来自自编、选编、创编教材和互联网资源。本课程为五年级的必修课程，共需 16 课时，每周 1 课时，每课时 40 分钟，以每学年为一个教学周期。

（一）观察交流

通过引导学生观看视频激发学生的好奇心，开启走进魔方世界的大门，让学生乐意参与到魔方的学习中来。学生通过观察魔方实物，初步感知认识魔方的颜色、形状、种类；通过观察魔方的构成，明白魔方的操作原理。

（二）探究合作

教师通过亲自示范、慢镜头视频演示魔方复原的过程，引导学生自主探究、分组讨论魔方复原的规律，并总结推导出魔方复原的公式。

（三）操作实践

学生借助魔方实物，将还原公式运用到魔方复原的实践操作中，通过亲自动手实践熟练掌握魔方复原技巧。

在底层的复原练习中重在训练学生操作的熟练度，而中间层和顶层的复原又给学生提出新的挑战，这就要求学生在熟练的基础上能灵活运用，通过魔方三层的复原练习，循序渐进地让学生掌握复原技巧、形成技能。

（四）竞技展示

竞技展示分两个时段：一是每节课后的展示；二是期末开展"挑战校园吉尼斯，争做魔方小达人"竞赛活动，展示学生的学习情况，让学生在赛中激趣、赛中提能。通过竞赛展示的形式，提高学生技能、培养兴趣、增强自信心和自豪感。

（五）拓展提高

针对掌握得比较熟练、学有余力的学生尝试练习五阶、七阶、镜面魔方，激发兴趣，拓展能力。

 课程评价

根据《趣味魔方》的课程特点，采用过程评价与结果评价相结合的方式，运用两种评价方法：一是参与性评价，二是展示性评价。

（一）参与性评价

参与性评价包含：魔方准备、出勤情况、课堂参与、与人合作、课后作业五个部分，每个部分 10 分。平时要做好记录，一个月公布一次。

（二）展示性评价

展示性评价是对学生学习情况进行的评价。展示分独立展示和吉尼斯挑战赛两种形式，各 25 分。独立展示是学生在课堂上能够独立完成三阶魔方六面复原，没有时间限制。吉尼斯挑战赛是学生个人或者组队，在规定时间比赛复原速度，时间短获胜。

考评按照自评、互评、指导教师评价相结合的原则进行，最后形成综合评定等级。其中，自评权重为 20%，互评权重为 30%，指导教师评价权重为 50%。

学生评价等级分为优、良、合格与待合格四级。80 分及以上为优秀，70—79 分为良好，60—69 分为合格，60 分以下为待合格。

《趣味魔方》课程学习评价表

评价指标		分值	评 价			
			自评（20%）	互评（30%）	指导教师评价(50%)	综合评价
参与性评价50分	魔方准备	10				
	出勤情况	10				
	课堂参与	10				
	与人合作	10				
	课后作业	10				

续　表

评价指标		分值	评　价			
			自评 （20%）	互评 （30%）	指导教师 评价（50%）	综合 评价
竞技展示性 评价50分	独立展示	25				
	吉尼斯挑战赛	25				
综合评价						

（课程开发者：王厉强）

七巧益智

适用年级： 二年级（必修）

 课程背景

　　七巧板也称"七巧图"、"智慧板"，是我国古代劳动人民发明的一种智力玩具。七巧板，顾名思义它是由七块板组成的，包括 5 个三角形、1 个正方形和 1 个平行四边形。七巧板拼图游戏，因仅用七块板，就可以拼凑、拼搭千变万化的图案而深受人们的喜爱并广为流传。

　　七巧板是启发儿童智力的良好伙伴，能够帮助儿童搭建实物与形态之间的桥梁。七巧板课程的学习，不仅可以培养学生对图形的观察力、想象力、形状分析力，对开发、挖掘儿童的创意逻辑能力也有非常重要的作用。

　　本课程的理念是：益智七巧板，奇妙大空间。由于本课程针对二年级学生，所以主要采用玩游戏的形式，通过识板图、仿板图、解板图和创板图的过程，让学生感受玩七巧板的乐趣，并以此感受数学益智玩具——七巧板的独特魅力，增强学生对数学的探索愿望。

 课程目标

1. 了解七巧板的历史由来、结构特征和游戏规则。
2. 掌握七巧板的两种拼图技巧：按样拼图和见影拼图。

3. 掌握制作技巧，能创造一幅有意义的七巧板图案。

 **课程内容**

本课程以玩七巧板游戏为主题，内容分为五个模块：

（一）学习七巧板的历史和结构

主要通过展示教师课前精心收集七巧板的历史故事、发展流程、游戏规则，用课件PPT 及视频的形式激发学生学习七巧板的兴趣。

（二）自制一副七巧板

主要是在学生了解七巧板结构的基础上，采用独立尝试制作一副七巧板然后小组交流制作的方法，教师组织全班交流，得出七巧板的制作方法。

（三）按样拼图

教师出示显线数字图案 3 个，字母图案 3 个，实物图案 6 个，要求学生能够按给定图案选择合适的板进行拼摆图案。

（四）见影拼图

教师先出示隐线图案（帆船、椅子、跑步的人、房子、旋转的风车），然后学生独立思考，尝试分解图形并拼组，然后再小组交流探索方法，总结分解图案的技巧。

（五）创造图案，评价学业成果

学生在课堂上利用七巧板创造一幅有意义的图案，教师根据学生的创造和描述进行评价。

 课程实施

在本课程实施之前教师应该做充分的准备，精心备课，选取适合学生兴趣的图案、视频,以备教学之需。本课程总课时为 13 课时,每周 1 课时,每课时 40 分钟,以一学期为一个教学周期。具体实施路径与方法如下:

(一) 教师讲授与学生自主探究相结合,教师引导与学生自主练习相结合

本课程的第一模块"七巧板的历史与结构"属于文本学习,教师采取讲授的方式进行,第二、三和四模块属于探究类课程,可以采取教师引导和学生自主探究的方式进行,先由教师给出具体的实例,学生在模仿和探究中掌握七巧板拼组的原则和方法。

(二) 自主学习与合作学习相结合

本课程的实施对象是二年级学生,课程主要以游戏的形式进行。喜欢玩游戏是学生的天性,在课程实施的过程中,学生会大量地经历图形的拼组与分解练习,教师应该鼓励学生自主学习,培养思维的独立性,同时也应该鼓励学生产生合作学习的意识,以众人之力,解决拼组和分解过程中的问题。

 课程评价

七巧板课程倡导多元性评价,评价模式为学生小组互评和教师计时考核评价。

(一) 学生小组互评

学生根据平常小组合作的情况为同伴评分,总分 20 分。

《七巧益智》课程学习评价表一

学生姓名	是否独立思考 (总分:10 分)	是否善于合作 (总分:10 分)	总评分数 (总分:20 分)
学生 1 号			
学生 2 号			
学生 3 号			

（二）教师计时考核（总分80分）

1. 给定显线图案，记录拼组完成时间。

2. 给定隐线图案，记录拼组完成时间。

《七巧益智》课程学习评价表二

学生姓名	显线图拼组时间 （总分：40分）	隐线图拼组时间 （总分：40分）	总评分数 （总分：80分）
学生1号			
学生2号			
学生3号			
学生4号			

（课程开发者：黄娟）

小小商店

适用年级： 二年级（必修）

 课程背景

　　授人以鱼，不如授之以渔。给孩子钱，更应该教会孩子有关钱的知识，让孩子拥有自己的财富未来。如今，财商教育已经被列为实现成功人生必不可少的教育之一，《小小商店》课程就是借鉴国外先进的财商教学理念，学习罗伯特·青崎《富爸爸穷爸爸》和郑晓舟《勇敢地跟孩子谈钱》的现金流教育理念，自主研发的适合二年级小朋友的财商教育课程。它以小小商店为线索，结合实践演练、模联购物等游戏开展趣味性财商教育活动。

　　《小小商店》课程不仅仅教给孩子有关钱的部分知识：知道钱是什么，钱是怎么来的，明白为什么小小的纸币可以换回自己喜欢的东西，更通过这方面的教育，教会孩子理解家长，珍惜劳动，学会合理消费，养成正确的金钱观和价值观。

　　本课程的理念是：合理消费，智慧理财。学会合理消费是儿童成长的必修课，现在的学生都有自己的零花钱和压岁钱，如何有计划地进行消费，摆脱消费中的攀比虚荣心理，确立节俭消费和理性消费观，都需要对孩子进行适度的引导。你不理财，财不理你，虽然不需要教给小学二年级的学生过多的理财方法，但适度的理财意识是需要被培养的，只有科学的、有效的管理金钱的理念，才能使我们的生活一天天变好，增加更多的安全感和成就感。

课程目标

1. 能数较大数目的钱，培养"自己的钱"的意识。懂得每周节约一点钱，能将自己的钱储蓄起来。

2. 了解物价，货比三家，学会精打细算。从节约用水、用电，交易二手物品开始理财。

3. 能简单拟定自己的小商店销售计划《跳蚤市场之二手物品交易》，并能按照计划进行实践，赚得自己的第一桶金。

4. 养成正确的价值观，知道"需要"和"想要"的区别，学会节俭消费和理性消费。

 课程内容

本课程以小小商店为线索，确立了认识纸币、走进商店、跳蚤市场、三个钱包四个单元的内容。

（一）认识纸币

学生通过《纸币的秘密》的学习，了解纸币的秘密，明白劳动和生产是财富的来源；通过《未雨绸缪》了解中国的银行，知道不同银行有不同的作用和储蓄的重要性；通过《拿铁因子》学习，审思自己在消费中有没有拿铁因子，培养克己自律的习惯，懂得取舍。

（二）走进商店

本单元包括《走进商店》、《算账小能手》、《20—50 元逛超市》、《认识广告》和《持家有道》，学生通过这些实践演练，认识商品价格标签，知道在不同时间、不同地点商品的价格会不一样。并通过解决相关的买卖问题，能够进行数目不大的找补。通过记录自己的日常开销，学会自我管理，理性消费。

（三）跳蚤市场

跳蚤市场单元是学生在前面已有知识的基础上，开展的买卖实践活动。内容包括《我会挣钱》《跳蚤市场一》，学生通过讨论交流，知道在现有的年龄阶段，有哪些挣钱的方式，并和家长一起拟定自己的第一份跳蚤商场计划。《跳蚤市场二》就是真实的实践演练，通过二手商品交易的实践活动，学生亲身经历商品的交易过程，知道变废为宝，赚得第一桶金。

（四）三个钱包

三个钱包单元主要介绍"三个钱包"背后的意义及运作细节上的问题，包括《三个钱包》《公益活动》。学生通过"三个钱包"的坚持实践，逐步养成责任感及自律性，养成储蓄习惯，静候长期增值。通过《公益活动》的学习，知道什么是公益活动，明白世上有很多东西比金钱重要，比如爱、知识、快乐、给予……

 课程实施

本课程资料以自编讲义为主，互联网、多媒体课件、音像资料为辅。一共在学年上期开展 13 课时，每周 1 课时，每课时 40 分钟。参加对象为二年级全体小朋友，教学场地要求不高，可以在教室直接开展。

1. 故事讲授，启发思考

教师通过展示文字及图片资料、播放视频等方式演示教学内容，《印钞国的故事》让学生明白纸币是怎么来的，为什么纸币可以换来实实在在的物品，进一步启发学生思考：为什么不能随便印制货币？从而明白劳动和生产是财富的来源，纸币正是因为背后的劳动和创造的财富，才有了价值。

2. 实地参观，收集信息

借助观音桥商圈有利条件让学生在父母的帮助下通过实地考查收集商品的价格

信息、促销活动,知道不同时间、不同地方商品的价格可能会不一样。

3. 家校沟通,拟定计划

与家长进行沟通,收集自己的家里的闲置物品,帮助学生提出和制定具有可行性的跳蚤商场计划,并根据自己拟定的计划做好相应准备。

4. 实践活动,体验成功

以小组为单位,根据自己拟定的跳蚤商场计划,在学校小小商店课程第 12 周时开展实践活动,通过商品的交易,学会数目不大钱数的找补,让学生赚得第一桶金。

 课程评价

本课程采用目标性评价,目标性评价与课程目标相切合,通过家评、自评和师评三结合的形式,关注课程目标的落实情况。学期总评 = 自评(20%) + 家评(40%) + 师评(40%),总分 80 分及以上为优秀,70—79 分为良好,60—69 分为合格,60 分以下为加油。

《小小商店》课程学习评价表

评价指标	分值	评价			
		自评 20%	家评 40%	师评 40%	得分
善于思考,积极发言	10				
主动与同学合作交流,积极参加小组学习活动	10				
能将自己的一部分钱存起来	20				
有自己的记账本	10				
能做到节俭消费	10				
在家长的协助下拟定自己的跳蚤商场计划	20				

评 价 指 标	分值	评 价			
		自评 20％	家评 40％	师评 40％	得分
能顺利开展跳蚤商场活动,组织有序,正确进行找补	20				
综合得分					
评定等级					

（课程开发者：孔燕）

走进银行

适用年级：三年级（必修）

 课程背景

过去，人们往往只重视智商、情商的教育，随着社会的进步与发展，少儿财商教育在我国也逐步受到重视，成为开展教育的重要组成部分。为此，很多中小学已逐步开设金融理财知识教育等拓展课程，这就意味着各地逐步将金融理财教育纳入学校教育体系。

新村教育集团以"金融理财教育从娃娃抓起"的思想为指导，在三年级开设了《走进银行》课程。本课程以教师和银行工作人员共同授课，使学生走进银行实践操作的形式实施。通过该项课程，使学生了解银行的基本作用及相关操作流程，培养学生初步的理财意识。

本课程理念为：小小金融家，大大理财梦。随着网络的快速发展，网上银行已经成为最常用的营销渠道，在了解银行相关知识的同时，教会学生选择现代化、快捷化的方法满足生活需要，从而让学生感受到科学技术的飞速发展。

 课程目标

1. 了解银行的相关知识。知道银行的作用，银行与我们的生活密不可分，体会银行给我们的生活带来便利。

2. 感受数学与生活的联系,能把所学习的知识与基本技能运用到日常生活中,激发学生对数学的热爱。

 课程内容

本课程以了解银行及与银行相关知识和基本操作为内容,分为三大板块:

(一)了解银行

让小朋友们了解银行的来源及作用;银行的种类及标志;银行的主要职能部门及作用;银行卡的种类及用处;各国钱币及常见旅游国家钱币的汇率。

(二)体验操作

让同学们模拟在柜台、ATM 机上存钱、取钱、转账等流程;学会操作手机银行,体会它的便利;学会网上支付,了解相关利弊;利用学习过的相关操作,选择最佳渠道缴纳生活费用;学会辨别真假人民币。

(三)财商渗透

通过对银行的了解及认识,让学生们学会合理规划零花钱;了解银行利率起伏对我们生活的影响及简单介绍金融危机对我们生活的影响。

 课程实施

采用互联网、多媒体课件、音像资料等自编、选编、创编教材,本课程是三年级学生必修的课程。本课程共需 13 课时,每周 1 课时,每课时 30 分钟,以一学年为一个教学周期。

1. 收集与讲授

老师查阅大量资料，同学们在家长的帮助下，收集与银行相关的知识，例如银行的来源、银行的作用、生活中常见的银行以及咱们生活中需要用到的与银行有关的知识，通过教师的讲授、课件的演示以及学生们互相交流合作、情景模拟，生动形象地将知识展现给学生们。

2. 实际操作

在对银行及相关知识了解的基础上，结合生活实际，在老师的讲解下，学生能够基本完成简单的操作流程，能够感受到科技发展给我们生活带来的便利，并把学会的知识最大化地运用到家庭生活中。

3. 联系生活

通过对银行的了解，使学生能够运用所学知识合理安排管理零花钱，感受银行给我们的生活带来的好处，从而培养学生的财商，使学生达到新时代小学生的三商要求。

 课程评价

1. 对学生分别从"资料收集、汇报展示、经验介绍、我的规划"四方面进行综合测评。平时考核内容为出勤情况、学习态度及参与程度；期末综合评定内容为各个学生的理财规划及已经实施的理财事例。

2. 考评按照互评、家长评、指导教师评价相结合的原则进行，最后形成综合评定等级。其中，互评权重为 20%，家长评权重为 30%，指导教师评价权重为 50%。

3. 学生评价等级分为优、良、合格与待合格四级。80 分及以上为优秀，70—79 分为良好，60—69 分为合格，60 分以下为待合格。

《走进银行》课程学习评价表

评价指标		分值	评 价			
			互评（20%）	家评（30%）	指导教师评价(50%)	综合评价
平时60%	出勤情况	20				
	学习态度	20				
	参与程度	20				
期末评定40%	实际操作	40				
综合评价						
评定等级						

（课程开发者：邓欣）

我要去旅行

适用年级：五年级（必修）

 课程背景

　　《义务教育数学课程标准(2011 年版)》中指出：在学生的数学学习中要培养学生的创新意识和实践能力，为学生未来的生活和工作奠定重要的基础。数学十大核心概念要求中也强调学生要有数据分析观念、模型思想以及应用意识和创新意识。

　　《我要去旅行》课程培养学生在现实生活中，能将实际问题转化成数学问题，再利用各种资源找到解决问题的能力，同时培养学生的应用意识和创新意识。

　　《我要去旅行》的课程理念是：数学与旅行相伴。通过学生喜爱的旅行激发学生的兴趣。然后发现旅行中遇到的各种问题，引导他们用数学的眼光去解决问题。让学生在每一次的"旅行"中，制定合理的计划、方案，培养学生"学数学、用数学"的意识，获得旅行的快乐与满足！

 课程目标

1. 初步掌握收集数据、制定旅行计划的方法。
2. 初步了解旅行中的理财问题，学会合理规划、分配使用旅行资金。
3. 在旅行方案制定的过程中，提高发现问题、解决问题的能力。

 **课程内容**

本课程的主要内容是结合五年级学生的生活经验，先了解旅行计划，再由简到繁地围绕旅行的需要制定旅行计划。具体分为以下五大板块：

（一）理解旅行的意义

通过老师介绍，初步了解本课程的内容。学生分享自己的暑假旅行经历，激发对旅行的兴趣，初步理解什么是旅行计划。

（二）我的市内春游旅行计划

小组合作制定一个集体的短途旅行计划，从合理安排分工、最佳租车方案、野餐预算这三个方面来制定一个旅行计划。

（三）我的暑假国内旅行计划

以五年级暑假旅行为契机，为自己制定一个国内 7 天的旅行计划。首先制定旅行的路线以及目的地计划；其次了解并掌握在互联网上查询、挑选、预订酒店的不同渠道和基本方法。做一个包括吃、住、行三个方面的费用预算。

（四）我的毕业国际旅行计划

为六年级做一个预算为人均 2 万元的毕业旅行计划。首先做一个出国的预案，做好出行需要的准备工作、安全遇急方案等各方面的准备工作；其次做一个人文历史、美食建筑等方面的旅行介绍方案；最后以小组为单位，做一个全面的预算为人均 2 万元的毕业旅行计划。

（五）方案分享与实践，绘制成册

以小组为单位做"旅行方案展示"，并与实践相结合。最后将实际旅行中出现的问题与大家分享和交流。学生以生动的方式进行展示、交流，并评选出最佳旅行达人。

课程实施

根据本课程的需要，计划以一学期为一个周期，在这学期中安排了 15 个课时，每周 1 课时，每课时 40 分钟。结合《我要去旅行》中会遇到的一些数学问题和需要的知识基础，将本课程安排在五年级上期进行。以五年级学生分组讨论操作为主，老师利用多媒体讲解展示为辅。

《我要去旅行》课程有着完美思维课程的鲜明特色：采用开放式的学习方式、鼓励学生在课程学习中"多方面体验、探究合作、交流讨论"。课程主题是制定旅行计划，从我的春游旅行计划、我的暑假旅行计划到我的毕业国际计划，是一个整体的项目学习课题。且在具体课程开展中，根据旅行计划的不同要求，具体又可细分为若干个小的项目任务。学生在解决上述任务中，充分发挥自主性，在探究中寻求合理的解决方法。课程强调"小组合作、分享交流"的讨论机制，鼓励学生之间互相对话、彼此学习。

（一）教会学生合理利用多种资源制定计划

尽管旅行计划的制定流程大同小异，但我们希望旅行方案又各有特色。在课堂中老师不可能一一指导学生，因此可以鼓励学生利用各类手段，也包括利用身边的资源，组织到旅行社学习，咨询身边的旅行达人，甚至可以通过互联网查找更多的合理化建议。

（二）鼓励学生分工合作，培养团队意识

本课程中，所有旅行计划的制定都要以小组合作形式共同完成，对教学方式的选择必须遵循课堂中以学生为主体的规则，鼓励学生以小组为单位，在小组间充分交流、合理分工、共同探究，并建立团队意识。教师还可以结合不同的课程主题创设多元的教学活动，鼓励组与组之间进行开放性交流、分享对问题的不同解决方案、彼此学习。同时，学会理性、客观地对待他人的看法和观点，反思自己的观点想法，建立互相尊重的班级学习氛围。

（三）结合实践体验，再次完善

尽管本课程聚焦于"旅行计划制定"，但并非一切教学活动和学习方式都只局限在文字工作中。还要鼓励学生能够将课堂教学与实践结合，对于一些本身就很适合直接体验的课题，创设机会让学生在实践中积累经验。比如，为年级设计春游出行计划，评选一个最可行又省钱的旅行方案推荐给学校。

课程评价

本课程是在老师的启发引导下，采取学生分组讨论、交流制定旅行计划，最后再展示分享、实践总结的方式推进的。结合本课程的教学特点，主要从参与性和展示性两方面来评价本课程，最终等级评定参与性与展示性评价各占50％。

（一）参与性评价

参与性评价主要针对个人在小组中的参与程度、在过程中各项任务的完成情况，对在小组中与其他组员的合作情况进行评价。

《我要去旅行》课程学习评价表一

具体内容	细 项 说 明	分数	学生姓名（　）
团队意识	有团队合作的意识，能积极听取组员的建议。	25	
互助意识	能对别人的方案提出宝贵的意见和建议。	25	
创新意识	有自己独到的见解，出谋划策。	25	
参与意识	积极参与讨论。	25	

（二）展示性评价

主要针对各组完整的旅行计划，从预算的分配、计划的合理性、受欢迎程度等几个方面来评价。

《我要去旅行》课程学习评价表二

具体内容	细 项 说 明	分数	第（　）组
计划可行性	旅行目标可实现、可操作	20	
要素无遗漏	旅行计划中基本应包括的交通、住宿安排、一日三餐安排、旅行景点等元素均有所提及	30	
时间有落实	合理分配时间，有明确的时间节点	10	
花费要合理	合理分配，无需过度节约，更杜绝奢侈浪费	10	
主题要明确	有清晰的出行主题	10	
计划有创意	结合旅行的目的地，有一个吸引人的主题创意	10	
安全有保障	有安全保障措施，有无应急预案	10	

（课程开发者：娄颖）

第四章 创美探索： 洞察世界的奥妙

创新是推动人类社会不断进步的动力，人类从在世界上诞生的那一刻开始，就从来没有中断过创新的脚步。创新精神是一个民族的脊梁，如果没有创新的意识，生活就会周而复始、枯燥乏味。创新是大河奔腾激昂的命脉，如果不去创新，河水将不能够源远流长、澎湃亢进；创新是一团可以燎原的星星之火，要是不去创新，一切都会变得黯淡无华；创新是历史巨轮乘风破浪的船帆，失去创新，社会将会从此停滞不前。探索是创新的基石，生活的真正含义，就在于不断向着未知探索。

古人说得好："流水不腐，户枢不蠹。"唯有不断进行新的变革更替，生活中的一切才会富有活力，所以每天都要更新自己的观念，不可以用旧的眼光来看待我们今天的一切和即将来临的明天。处在瞬息即变的人类社会当中，固守腐朽老套的观念必然会导致人生的失败。

"创美探索"系列课程是"新美课程"体系的子课程模块。人人获得必备的直接经验、感受科技的进步、感知人文的传承是"创美探索"课程的理念。"创美探索"系列课程的目标是提升孩子的动手和实践操作能力，唤起他们内心的求知愿望，培养孩子积极思考的习惯，以及发展孩子对世界的观察和认知能力。"创美探索"课程的学习方法是在亲身体验的过程中收获直接经验和知识的体验法；通过动手操作，并且细致观察整个过程，然后再反复思考研究的实验论证法。

"创美探索"课程是国家课程校本化和校本课程精品化的综合实施课程，包含了科学、科技、信息技术等国家课程；还包括以实验探索为主的魔法实验室、奇思妙想团、鼠绘馆、3D动画、3D打印等课程；以感知前沿科技为主的机器人、智能小院士、物联网小发明、小小爱迪生、创意工坊、科技节等课程；以传承人文精神为主的角色体验营、花儿与少年、实践梦工场、走进工厂、红色之旅、军营之旅、寻美重庆等课程。

"美是生活，美是创新"。伟大的莎士比亚的一句人生格言让我们明白，要用自己灵活强大的双手去探索这个世界，创造一切新鲜的事物，改变我们现在的生活面貌。远古时代的人们都知道要去创造新事物，而生活在现代的我们怎么能够丢掉创造的力量，放弃创新呢？努力创新是一切美好事物诞生的前提，是美好生活的希望，是人类社会走向进步和繁荣的基石。

如今创新已经不再无足轻重，而是人人都应该具备的品质。创新是人类一种重要的思想意识，一种勇于超越他人的先进意识。勇于开创先例，丢掉故步自封的思想包袱，能够和时代的潮流齐头并进才是当代优秀的新美少年。创新需要灵感，但不是异想天开，不是每个人生下来就有创新的灵感，它是一个人甚至是整个团队花费大量的时间，全神贯注思考的成果。那是一种豁然开朗、拨云见日的顿悟，那是让人眼前一亮、心有灵犀的醒彻。

创新探索才是真正的美！

（王　刚）

小小爱迪生

适用年级： 二、三、四年级（选修）

 课程背景

　　《义务教育小学科学课程标准》指出，小学科学课程对于培养学生的科学素养、创新精神和实践能力具有重要的价值，每个学生都要学好科学。

　　《小小爱迪生》是以科技小制作、小发明为主要内容的课程。它立足于科学课堂的基础之上，又将科学课的学习延伸向课外，并在课程学习中，逐步提升学生的实践操作能力，更大程度地锻炼和激发学生的创造精神，让学生的个性特长得以充分的发展。

　　本课程的理念是：小制作，大创意。该课程通过指导学生学习与实践，培养其对科学探索的兴趣和爱好，同时将这种兴趣与动手实践相结合，在不断培养学生动手能力的同时，着力培养学生的创新思维，逐渐形成严谨求真的科学精神，从而全方位地提升学生的科学素养。

 课程目标

　　1. 体验创新制作过程所带来的浓厚趣味，并逐渐形成更为良好的科学常规习惯。

　　2. 学会制作一些简易的科技小作品，掌握基本的制作方法，锻炼动手能力，并了解其中所蕴含的科学道理。

　　3. 理解科技给我们的生活所带来的深远意义，学会废物改造，训练创造性思维，全面提升科学素养。

 课程内容

本课程根据不同的主题，选取不同的材料，将学生的动手制作贯穿始终。内容分为以下几个模块：

（一）废物利用

利用身边一些废弃的物品，充分发挥学生的创造力以及较强的动手能力，变废为宝，再次利用。

（二）组合加工

针对一些难度较大的制作，为学生提供半成品，供学生自由地组装、加工、调试。

（三）自由创作

随机为学生提供一些材料，发挥学生的创造想象，自由创作。

 课程实施

本课程适用于二、三、四年级中对科学学习和科技小制作感兴趣并且具备一定动手能力的学生。通过自备讲义、互联网、多媒体课件、音像资料等多种渠道获取课程的教学资源。以一学年为一个教学周期，上期 13 课时，下期 13 课时，共 26 课时，每周 1 课时，每课时 60 分钟。

本课程主要采用社团活动的方式，采取以下的实施方法：

（一）兴趣引导，主动学习

创新制作必须是学生真正发自内心的渴求，而不是被迫应付完成的一项任务。学生对完成作品有强烈的愿望与兴趣，主动性得到激发以后，制作活动才能更顺利进行，创造力才能被激发到极致。所以，每节课前，教师可以通过逼真震撼的图画、趣味横生的故事、生动有趣的情境，激发学生学习制作的无限兴趣。

（二）自寻材料，小组共享

每一次制作，都需要提前准备大量的材料，有了齐全的材料，制作也相当于成功了一半。如何提供丰富易得的制作材料呢？首先，教师课前要组织学生罗列材料清单。其次，教师自己也需要提前多准备一些材料，以防出现学生因没有准备而闲在一旁的情况。最后，采用小组负责制的办法，小组内共享材料，主要由材料员负责收集更多的材料供组内共用。

（三）教师释疑，针对指导

在课堂中，教师要不断地巡视了解学生的制作进度以及制作中遇到的一些问题，及时予以辅助指导，学生才有信心和兴趣继续制作下去。

（四）归纳总结，知其原理

如果说制作过程更多的是锻炼学生的动手能力和创新能力，那么，让学生对自己制作作品时所用到的科学知识、利用的原理进行分析，既训练了他们的语言表达能力，又提高了他们思考问题的能力。在归纳总结中，巩固和运用学生所学的科学知识，并把探究目光从一个简单的小制作引向更深入的科学探索中。

 课程评价

《小小爱迪生》不采用书面考试的形式，主要采用参与性评价和展示性评价的方式进行考核。

（一）参与性评价

1. 课堂纪律评价：主要将课堂出勤情况和上课表现相结合进行评价。

2. 课前准备评价：每次是否带来了事先应该准备好的相关材料。

3. 过程性评价：这一过程主要是评价学生的学习能力、学习态度、参与活动的兴趣、是否具备了良好的科学学习习惯、小组合作分工是否明确，以及是否在学习活动结束时，收拾、整理材料和工具，并做好场地清洁工作。

（二）展示性评价

1. 针对学生最终的科技制作成品以教师打分和全班同学点评的方式进行考核，肯定同学的努力与进步。

2. 在展示角将制作优秀的作品展示出来，供大家参观学习。

（课程开发者：李真）

魔法实验室

适用年级： 五年级（选修）

 课程背景

　　人的成功要素除了能力以外，更重要的是思维方式。孩子学习科学，不仅仅是为了拓展知识，更重要的是为了培养科学的思维方式。通过科学教育、科学实验使孩子们的思维更加活跃，才是科学给予孩子们的真谛。

　　科学实验是孩子们学习科学知识的重要途径。随着新课程改革的不断深入、教学手段的不断更新、教学过程的不断优化，实验教学的重要性日益凸显，为培养学生的创造能力提供了更多途径。长期教学实践的经验告诉我们，实验设计的好坏与教学的成败是有必然联系的，清晰的实验设计思路可以帮助学生高效地掌握基础知识、实验方法，培养学生的动手能力。但在教学实践中我们发现仍然有些实验不太适合孩子，需要教学一线的教师根据学生的实际情况做出改进。为此，我们特地开设了《魔法实验室》选修课程。

　　本课程的理念是：小实验发现大真理。此课程让学生在发现问题、动手实践、总结原理、实验记录四个程序中变得善于观察、勤于动脑、敢于提问，从而学会从不同角度思考，尝试寻找多种方法解决难题。

 课程目标

　　1. 体验各种科学探究活动，学会一些科学研究方法，树立正确的科学价值观，建立科学的信念。

2. 能主动参与、乐于探究、勤于动手，在探究中提升团队合作能力、语言表达能力、组织协调能力、搜集和处理信息能力和动手实践能力。

 课程内容

本课程以"有趣的科学实验"为主题，涉及物理、化学、生物三个领域，所以内容分为三个板块：

（一）魔法化学

围绕酸碱性的概念、指示剂的原理和酸碱在生活中的运用，开展测试液体 pH 值、神奇的紫甘蓝、水果电池、"无字天书"、制作叶脉书签等有趣的实验，学生从中体会到化学在生活中无处不在，我们的生活也离不开化学。

（二）神奇物理

利用身边的常见的物理现象，激发学生的兴趣，探究其中的物理规律，包括固、液、气三种状态物质的热胀冷缩实验；有关光学经典实验小孔成像、有趣的影子游戏和利用放大镜点火；托盘天平的认识和使用等实验。

（三）万千生物

从微观到宏观，观察自然界中的动植物。学会使用显微镜，从观察玻片标本到自己动手制作临时装片观察；制作花的标本了解植物的繁殖；了解我们人类的身体结构、内脏器官的种类及其功能、脉搏和心脏的关系、骨骼的分布和功能等。通过这一系列学习，树立学生对生命的敬畏感，尊重生命，珍爱生命。

 课程实施

本课程利用自编的讲义，运用互联网多媒体和音响资料等获取教学资源。在科学实验室,面向对科学有浓厚兴趣的学生进行课外拓展。以一学年为一个教学周期,上期 13 课时,下期 13 课时,共 26 课时,每周 1 课时,每课时 60 分钟。实施的教学方法如下:

（一）小组合作

以四人小组为单位进行实验,培养学生协调、组织和合作的能力,提高实验效率,激发学生之间的思维碰撞,产生新的想法。

（二）问题探究

抛出一个核心问题,以核心问题为主线,展开猜测讨论、设计实验、实验验证。以问题驱动学生活动,使学生在这个过程中通过自己的思考,找到问题的答案。

（三）任务通关

给出一些学生力所能及的小任务,通过几个小任务的完成,对比实验结果,分析影响实验结果的原因,从而明白其中的科学奥妙。

（四）教师示范

有些技术性的实验,比如仪器的使用需要老师先作介绍再来示范,以确保学生实验操作的准确性。

（五）成果展示

每堂实验课上每个小组都要展示自己的实验结果,在与其他小组分享的过程中,取长补短,也培养学生倾听的好习惯。

 课程评价

《魔法实验室》课程采用积分制评价,将学生自我评价、组内相互评价和教师评价有机结合。每堂实验课结束后,评选出当堂实验课的一等奖（1 个）,二等奖（2 个）,三等奖（3 个）,分别加 3 分、2 分、1 分,期中结算一次总分,表彰小结,期末结算一次总分,表彰总结。再根据学生平时的课堂表现,评选出"魔法实验家"2 名。具体的评分

标准为以下几方面的评价：

（一）学生动手动脑"做"科学的兴趣、技能、思维水平和活动能力。具体可以评价他们参与科学学习活动的主动性和积极性，观察、质疑、设计、测量、展示等各方面的综合能力。

（二）学生学习科学的态度。具体可以评价他们的学习兴趣、学习动机、想象创新、合作交流、社会责任等各方面的综合素质。

（三）学生对生命科学、物质科学、化学科学多方面的最基本的概念和技能的理解情况和实际应用情况。

（课程开发者：池玥颖）

创意工坊

适用年级：三至五年级（必修）

 课程背景

　　校本课程《创意工坊》以《国家基础教育课程改革纲要（试行）》为蓝本，以丰富多彩的社团活动、科技比赛为支撑，尽可能从不同的维度满足每个学生不同年龄阶段个性发展的需要，根据各个年龄段学生身心发展的特点，注重创新意识、创新能力和科学素养的培养。

　　本课程的理念是：脑洞大开，创意无限。课程实施中放手让学生们自己设身处地参与管理，采取灵活多样、脚踏实地的活动方式探究问题。课程力求以学生的需要、动机和兴趣为基础，尽可能多地让学生走出课堂去宣传展示、操作表演、总结交流，走出学校去进行参观访问、实地调查，鼓励学生们自主实践、积极探索，培养灵动、创新、善思、活跃的品质。

 课程目标

　　通过建筑模型、车辆模型、航空模型、电子模型、自制模型等各种模型的制作、操作、竞赛等活动过程，感悟科学的魅力，掌握一些生活所必备的技能。

课程内容

（一）工具材料

学生通过课程学习，了解通用工具、木工工具、电工工具、金工工具等，基本会用工具，并准备材料，选定项目进行学习探究。

（二）模型制作

在课程中学习建筑模型、车辆模型、航空模型、其他模型和自制模型几大类的具体内容，熟悉流程、熟练制作、正确操控。

（三）创意发明

通过参与科技小论文、科技小发明、科技实践活动和机器人创新设计等活动体验，熟练制作，有创新点。

课程实施

本课程通过选编教材、互联网、多媒体课件、音像资料等多种渠道获取教学资源。主要以一学年为一个教学周期，上期 15 课时，下期 15 课时，共 30 课时，每周 1 课时，每课时 40 分钟。对于有特长的学生利用科技社团，在每周一和周四下午 3：30—4：30 进行更深层次培训。具体实施途径如下：

（一）广泛宣传，激发兴趣

通过校园电视台、午会广播、LED 电子屏幕等传播途径宣传每个学期创意工坊的各个项目，让学生对此产生浓厚的学习兴趣。教师则利用多种机会用动作、神态等辅助语言去"表演"个别项目的介绍，用生动、夸张的手法来呈现未知的项目，让学生对课程产生浓厚的兴趣。

（二）发现问题，研究思考

教学中重要的是把孩子们的兴趣内化为一种主动学习的动力，让他们认真思考学习活动中出现的每一个问题，认真分析条件与问题之间的必然联系。从活动材料的准备到活动方案的设计，从问题的预设到问题的解决，从具体措施的落实再到结论的反思，引领学生从不同的角度去认真思考，反复推敲、仔细甄别。

（三）讨论交流，合作创造

学生与学生之间的交流与合作更有利于调动孩子们学习科技知识、参与科技活动的积极性和主动性，同时学生的个体差异也可以在讨论中得到互补。将学生按照科技实施能力不同差异组建小组，在难度最大、操作最精致等处进行合作交流。

 课程评价

（一）明确主体

一方面，每一个学生都是参与评价的主体，各个年段有不同的要求，让他们认真审视自己在科技活动中的各种表现，优点要突出表扬，不足要进行"反思性自我评价"。另一方面，学生同时也是被评价的主体，这种评价的最终目的是努力建立以"自我反思性评价"为核心的新型评价。

（二）指向过程

评价更多的是学生参与各种形式、各种级别的科技活动的过程。重点考查学生参与科技活动的态度，在活动中自己扮演了什么角色，是否善于协调关系、与他人合作，怎样解决在科技活动的实践中遇到的突发情况，有没有好的解决办法，甚至创造性的表现等。

（三）评价细则

1. 评价指标分课堂考评（占 40％，其中习惯 10％；制作 15％；操作 15％）和作业全期考评 3 次(占 60%)。

2. 课堂考评分习惯和技能两个方面,作业是学生自选三个项目进行考核。

3. 学校科技活动课程涉及的各个项目的评价主要有四个环节。分别是：学生自评、同组互评、家长点评、教师总评。

4. 合计得分在 91—100 为优秀;80—90.9 为良好;60—79.9 为合格。

（课程开发者：洪有良）

乐高机器人

适用年级：四、五年级（选修）

 课程背景

　　"做中学"是 2001 年国家启动的科学教育改革项目的简称，在国际上统称为"探究式科学教育"。《乐高机器人》课程旨在让孩子们在做中学，充分体现课改理念。乐高机器人课程，是以乐高公司的塑料积木为活动材料，在此基础上集合了可编程的主机、电动马达等，使其成为可随意组装，又可让组装作品进行编程的课程。该课程是以科技课为主体，集合了科学、数学、技术、工程、语文、美术、音乐等课程于一体的跨学科社团选修课程。

　　本课程以乐高公司的塑料积木为基础，培养学生动手动脑的创新实践能力。在课程中，学生们会经历在观察的基础上进行提问、设想和动手实验；在探究活动中锻炼表达和交流的能力；在动手实践的过程中，建构基础性的科学知识，获得初步的科学探究能力；更为重要的是，在整个过程中，激发了学生的好奇心，保护他们主动去创造的初心。

　　本课程的理念是：Learning by Making——做中学。《乐高机器人》课程要为学生营造可动手动脑、进行设计活动的环境，提供必要的活动材料和工具，倡导学生积极主动去活动，教师组织学生进行探索式学习，让学生充分动脑思考、动手实践、积极反思、不断改进创新。

课程目标

1. 以主题对象学习为基础，从中了解相关主题的来源、应用和分类等，培养对身边事物的关注力、对科学技术的热爱以及探索精神。

2. 学习如何对这个主题对象进行搭建，在搭建的过程中了解并学习应用到的一些搭建技巧和相关的机械物理知识。

 课程内容

以乐高积木为载体，使其在孩子们手中变幻出无限的可能。学生靠自己的生活经验和想象力，投入其中充分动脑和动手，拼插出千变万化的作品，令学生充满成就感，因此乐高积木被称为"魔术积木"。内容从培养习惯、主题训练到成果展示，分为六个模块。

（一）初次见面

课程内容为《整理器材》，主要内容是让孩子们将器材按照类别进行分类摆放，养成良好的动手习惯。

（二）神奇的动物运动

课程内容为《可爱的鱼》、《小猴子》、《鸵鸟》、《鳄鱼》等。主要了解一些动物尾巴的作用、动物特点；了解各种运动之间的相互关系；了解铰链结构、销砖的作用。

（三）机械机构

课程内容为《方向盘》、《雨刷》、《机械手夹》、《折叠椅》、《音乐会》、《扑蝇草》、《测风仪》等。希望孩子们能理解轮轴关系，了解车子转弯的道理，理解平行、交叉等关系；学习应用平齿轮、冠状齿轮、齿条等带齿的零件，加强对轴销关系的理解应用，以及对轴销连接器进行相关搭建。

（四）机械与运动

课程内容为《火车》、《塔吊》、《摇头扇》、《坦克》、《风帆车》等。帮孩子们复习车的结构；学习用乐高器材设置连杆、铰链、杠杆等结构，熟悉应用滑轮、齿轮以及涡轮涡杆，了解新型能源。

（五）有趣的游戏

课程内容为《蹦跳舞》、《运动球杆》、《摄影机》等。学会搭建跳舞机器人，复习滑轮、齿轮的传动方式，学习应用衣架梁搭建会旋转的摄影机。

（六）成果展示及期末评定

课程主题集中在运用所学知识，自行进行创意设计，综合自己的能力，进行创意大比拼。

 课程实施

本课程面向对机器人和乐高积木感兴趣、喜欢动手动脑搭建的学生，课程人数为30 至 40 人左右，通过教室内投影仪、9686 等器材，采用 PPT 讲义，自编、选编、创编的教材，互联网，多媒体课件，音像资料等课程资源，以一学年为一个教学周期，共需 28课时，每周 1 个课时，每课时 60 分钟。

（一）整体认识

让学生先了解每种器材的用法，如十字孔和圆孔如何进行固定，在每堂课逐渐加深层次进行理解应用。考虑到有些学生没学过相关用法，所以教师在每堂课上对学生进行一些简单问答，根据全班学生对这些基础的掌握程度，逐步提升搭建难度。

（二）体验提升

在搭建完成基本任务之后，再引导学生对自己的作品进行美化修改、技能提升或是额外的配套完善。这个过程也能引发孩子们相互之间的讨论和帮助，从而增强学生之间的协作能力。

（三）整理总结

课程最后要求学生整理器材，在拆卸过程中能够进一步认识并清楚自己是如何一步步将作品搭建出来的，将自己的器材整理并归还，培养学生认真负责的做事态度。

课程评价

本课程评价坚持过程性评价和综合性评价相结合的原则，每周课程结束时，分小组评定作品等级，记录在评分册上，更重要的是指出不足之处，记录在备注栏中，留给学生课后思考修正的空间，并跟踪学生学习和改进的方案。

最终考评分为"平时课堂考核"和"期末综合评定"两部分。"平时课堂考核"内容由出勤情况、课堂纪律、作品搭建和器材整理四部分组成；"期末综合评定"内容由学生自主搭建或是比赛评定，包括对基础搭建知识的掌握、器材的规整、作品搭建和对作品的个人创新。

（课程开发者：张未丽）

"奇思妙想"科技节

适用年级： 一至六年级

 课程背景

　　《全民科学素质行动计划纲要（2006—2010—2020）》中提出："科学素质是公民素质的重要组成部分。"提高公民的科学素养，对提高整个国家的创新能力，推动整个社会保持协调可持续性的发展，都具有非常重大的意义。我校一直以来注重对学生的科学素养的培养，注重营造全校师生爱科学、学科学、用科学的良好氛围，增强学生的科技创新意识，让学生亲近科学、勇于探索，立志培养创新的"新美"学生，因此学校一年一度为期两周的科技节课程应运而生。

　　本课程的理念是：奇思妙想，创造无限。为了进一步提高学生的实践能力，培养学生的创新精神，让同学们能更全面深入地去接触科技、了解科技，激发对科技学习的更大热情，鼓励学生去主动发现、主动探索、研究身边的科学问题，培养科学态度，提高全体学生的科学涵养，进而促进学生的全面成长。

 课程目标

　　1. 体验科技创新给我们生活方方面面带来的改变，保持创造的热情，从而热爱科学、讲科学、用科学。

　　2. 了解更多的科学知识，并能学以致用，提高动手实践能力。

课程内容

本课程旨在为全校学生营造一个更为浓厚的爱科学、学科学的氛围，并且为学生们创设更多的了解科学的契机，提高学生的动手实践能力。主要分为四个板块：

（一）科学在身边

以国旗下的演讲、科技小报、廊道才艺吧、科技节宣传海报为主。

（二）专家引领

以专家讲座、名人进课堂的形式开展。

（三）你争我夺

主要开展一、二年级的科幻画比赛，三、四年级的小制作比赛、模型比赛，五、六年级的小论文比赛和创意设计大赛。

（四）科学实践

带领孩子们走进科技馆参观、走进实践基地、参与实践活动。

课程实施

本课程以一学年为一个教学周期，每期时间为两周。实施途径为：

（一）明确主题

为了让学生们在科技节当中活动目标更明确，趣味性更强，我们会从学生的身边出发，联系学生的实际生活，拟定出学生关注度较高的科技主题，再开展一系列主题性的趣味活动。比如：科技改变生活、科技圆我航天梦等。

（二）注重结合

虽然科技节活动持续两周，但学生们课外的活动时间毕竟有限，所以，为了给学生更多的平台与时间，也为了让学生更亲近科学、更喜爱科学，在科技节期间，将科学课堂与活动主题有机结合，比如：科学家小故事比赛、名人进课堂、主题讲座等。

（三）抓好契机

有了一个好的开始，意味着已经成功了一半，举办一场精彩纷呈的科技节开幕式表演，从视觉上、听觉上给孩子们最直观的体验。借助机器模型展演、趣味的课本剧演出等，吸引所有学生的目光，最大限度地激发他们投入科技节的无限乐趣与参与动力。

（四）丰富形式

要让更多的学生都有展示自己的舞台，让学生的动手能力、创新能力、实践能力能得到更大程度的锻炼，激励学生不断进步提高，以赛促练，为学生准备不同种类、不同年级的各项比赛：一、二年级举行科幻画比赛，中高段举行制作比赛、科技小论文比赛，以及创意设计大赛，各项模型比赛等。

（五）团队合作

以班级为单位，评选优秀组织奖，发挥班级团队合作的力量，让科学素养在学生心中真正地生根发芽，进而推动全校参与。

 **课程评价**

本课程主要对过程中创作出的各类作品采用结果性评价的方式，组织专业老师对各班选送作品进行评比，同时评出优秀指导老师，优秀作品在科技作品展厅对外展览。

（一）针对个人，按照比例评选出个人的一、二、三等奖以及优秀奖。

（二）针对班级，评选出优秀组织奖。

（三）将学生的优秀作品收集展示，并有可能推荐表现突出者参加媒体的采访。

（四）表现优异者将有更多的机会去实践基地参观学习。

（课程开发者：李真）

鼠绘馆

适用年级：三至五年级（选修）

 课程背景 ————————————————————

　　图形处理软件是小学阶段重要的信息处理工具，学生通过系统的课程学习，能使用图形处理软件绘制图形、填充颜色，掌握移动、缩放、旋转等图形的基本操作方法，创作出主题新颖、画面美观、具有创新意识的作品。

　　《鼠绘馆》课程旨在借助多媒体绘图工具"金山画王"，进行创意绘画（借助"金山画王"图库中的背景、角色等素材组合图片）和主题绘画（借助"金山画王"画板中的绘图工具进行鼠绘创作）。电脑绘画与传统绘画有较大的差异，它是借助现代化多媒体设备进行创作的新型绘画方式。"金山画王"卡通有趣的操作界面、丰富多彩的图形处理效果，极大地提升了学生的创作兴趣，激发学生的创作灵感，让学生能通过鼠绘的形式表达想法和抒发情感。

　　我们的课程理念是：小鼠标，大画家。我们希望，每一个学生在鼠绘馆活动过程中，能提高用多媒体手段表达与交流的能力。通过一学年的鼠绘馆的学习，让学生爱上鼠绘这种新型的绘画方式，接受美的感染和熏陶，培养学生积极的创造精神和信息素养。

 课程目标 ————————————————————

　　1. 初步掌握"金山画王"绘图软件的基本操作。

2. 掌握鼠绘的基本方法，尝试用多媒体设备创作出主题突出、内容新颖、画面美观的绘画作品。

 课程内容

本课程内容以培养孩子用电脑等多媒体手段进行绘画创作的兴趣为主，提升孩子的审美能力、创新意识和信息素养。内容分为以下四个模块：

（一）软件学习

主要内容是认识"金山画王"的窗口和界面，熟悉各个功能按钮的名称和作用，掌握图库中背景、角色、动画的操作方法，掌握画笔、倒色、几何图形、橡皮擦、文字工具等常用绘画工具的使用方法。教学内容包括：

上期：

1. 认识"金山画王"的窗口

2. 认识图库

3. 神奇的仙女袋

4. "小天才"画板

5. 有趣的几何图形

下期：

1. 认识画板

2. 马良的"神笔"

3. 神奇的倒色桶

4. 图形变变变

（二）赏析电影和电脑绘画佳作

通过欣赏电影片段和优秀的电脑绘画作品，感受电影画面之美，感受电脑绘画的魅力，激发学生对电脑绘画的兴趣，产生创作的想法，提升审美能力。主要教学内容包括：

1. 赏析电影片段和鼠绘作品

2. 小组内分享赏析后的感想和想法

（三）主题绘画创作

主要内容分成两部分：上期，学生通过赏析电影片段，充分感受电影的画面之美，大胆选用"金山画王"图库中的背景、角色、动画，画出心中的画面。下期学生在掌握了绘图面板的各种工具的基础上，尝试进行主题鼠绘创作。主要教学内容包括：

上期：

1. 创意绘画一：魔法灰姑娘

2. 创意绘画二：绿野仙踪

3. 创意绘画三：冰雪奇缘

4. 创意绘画四：疯狂动物城

5. 创意绘画五：爱丽丝梦游仙境

6. 创意绘画六：悬崖上的金鱼姬

7. 创意绘画七：千与千寻

下期：

1. 主题绘画一：春天的故事

2. 主题绘画二：夏日之蝉鸣

3. 主题绘画三：秋天的童话

4. 主题绘画四：冬日之暖阳

5. 主题绘画五：Merry Christmas

6. 主题绘画六：Happy New Year

（四）成果展示

教师将学生每节课的作品和学生学习、分享等画面（视频或照片）制作成专题片，展示给全体学生和教师。主要教学内容包括：

1. 成果分享

2. 交流心得

 课程实施

课程通过自编教材、互联网、多媒体课件、音像资料等多种渠道获取教学资源。本课程实施前应该有充足的准备：精心备课，选取优秀绘画作品供赏析，选取适合儿童的简单有趣的绘画主题供创作。本课程以一学年为一个教学周期，上期 13 课时，下期 13 课时，共 26 课时，每周 1 课时，每课时 60 分钟。实施的教学方法如下：

（一）任务驱动法

教师根据教学内容，结合学生的实际情况，将教学内容设计为 3—5 个任务，让学生在具体的信息处理任务的驱动下展开学习活动。具体操作方法：学生以小组为单位，围绕学习任务，充分利用学习资源，展开自主合作探究。教师根据学生学习情况，适时进行引导和点拨，让学生能够循序渐进地掌握信息技术知识和操作方法。

（二）讲授示范法

针对课程中难度较高的学习内容，教师利用"班班通"等先进的信息设备进行直观的讲授和示范性操作，教师可将重难点知识和操作做成微视频，传至学生电脑端，便于学生随时观看和探究学习。

（三）同步教学法

教师借助"班班通"多媒体手段，在教师机上进行示范操作。学生一边观看教师的操作，一边在电脑上进行同步练习，若学生有不明白之处，可以利用"电子教室"将问题提交给教师，便于教师及时了解学生学习状态，帮助学生解疑答惑。这样便可确保所有学生在课堂上都能掌握学习内容和操作方法。

（四）探究教学法

所谓"探究"就是寻找问题和解决问题的过程。教师在教学过程中，应结合实际情况，设计恰当的问题，激发学生探究的兴趣；在探究的过程中，教师应时时关注学生的探究活动，便于在学生遇到困难时，及时给予点拨，解答学生疑惑，更有助于发挥学生的主动性和积极性。

在探究活动中，教师应选择合理的探究内容，设计有效的探究方法，并要明确小组成员的职责和任务，让每一个学生清楚自己应该干什么、怎么干，采用2—4人的小型组合，组内设置组长、记录员、发言员、观察员等角色（角色定期轮换）。

特别需要注意的是：本课程涉及信息技术、美术、平面设计等多方面的知识，教师在教授前应加大学习的深度和广度，多阅读与信息技术、美学相关的书籍和资料，多借鉴美术老师的教学经验，不断提升自身的专业知识和技能，提高审美能力，确保课程高质量、高水准完成。

 课程评价

在课程评价方面：始终贯彻以学生为主体的原则，坚持激励性评价，帮助学生树立自信心；注重过程性评价，鼓励学生勇于创新；关注个性特色评价，促进学生潜能的发挥。对本课程评价主要从以下三方面进行：

（一）参与性评价。学生在课堂教学中能认真倾听、勤于思考、积极发言；在小组合作中能服从安排，积极参与，大胆发言，虚心听取他人的意见；在分享交流中能主动表达观点和想法，主动地帮助他人。

（二）基础知识和软件操作掌握程度评价。对基础性知识能理解和掌握，对软件操作能熟练运用。

（三）作品评价。课程活动中能按时完成作品，且作品质量较好。具体做法如下：

1. 课堂表现，你能获得几颗星？

参与性评价表

（学生姓名_____）

认真倾听	发言积极	服从安排	有建设性的意见
☆☆	☆☆	☆☆☆	☆☆☆

2. 软件基础知识学习，你能获得几颗星？

基础知识掌握评价表

（学生姓名_____）

内　　容	评　价
打开和退出"金山画王"软件	学会了：☆☆
熟悉了"金山画王"的操作界面	学会了：☆☆☆
对角色进行大小变换、位置移动、旋转等基本操作	学会了：☆☆☆☆
画板面板中常用工具的使用方法	学会了：☆☆☆☆

3. 创意（主题）绘画作品的创作，你能获得几颗星？

绘画作品创作评价表

（学生姓名_____）

内　　容	评　价
符合主题	☆☆
几何图形等工具使用恰当	☆☆
画面美观，具有较强的视觉效果	☆☆☆☆
有创意、创新	☆☆☆

（课程开发者：李秀丽）

"花儿与少年"研学课程

适用年级：二年级（选修）

 课程背景

　　小学开展研学实践课程,是落实把立德树人作为教育的根本任务的创新举措,是培养学生德育品质的重要手段,是拓宽学生实践能力的重要渠道,能有效促进学生全面发展,营造青少年健康成长的良好氛围。

　　研学实践课程是面向全体学生、由学校组织安排、通过集体活动的方式开展的一种普及型教育活动。其目的是让学生在活动中接触大自然,在实践体验中得到锻炼,培养学生的优良品质。

　　本课程的理念是:美丽田园,快乐体验。我们希望在研学实践活动的过程中,培养学生热爱劳动的感情、分工协作的团队意识、不畏艰苦的创新精神、乐观向上的人生态度。

 课程目标

　　1. 感受大自然的美丽,认知多种蔬菜、水果、花卉和树桩盆景并了解其相关知识。

　　2. 参加花艺学堂课程,学习园艺基础知识与植物的栽培技术,亲自操作学习栽培、花雕花艺,制作简单花卉、植物标本。

　　3. 学习有关农业生产劳动基本知识和技术,体验劳动者的艰辛与体会现在幸福生活的来之不易。

 **课程内容**

本课程以儿童各个年龄段的身心发展为主线，将农事活动与游戏相结合：

（一）上期的活动项目：毛毛虫农场

具体内容：

1. 游园参观

参观开心菜园，认识农作物，了解其生长周期；认识传统农具，对农具的用途进行简单了解；参观盆景园、果园、根雕作坊等，从艺术角度进行鉴赏；喂养小鸡、小猪、小羊、小鸭、小鱼等。

2. 农事体验活动Ⅰ（室外）

（1）项目种类：种菜、挖红薯、种兰花、挖莲藕、挖荸荠（马蹄）、钓鱼、摸鱼、捉泥鳅等（根据不同时节选择进行，并且只能选择其中一项）。

（2）可将种好的兰花、挖好的红薯等带回家；摸鱼、钓鱼成功者可将成果带回家。

3. 农事体验活动Ⅱ（室内）

（1）项目种类：制作面点、磨豆浆、包包子、包饺子。

（2）现场制作→现场煮熟→现场享用。

4. 公共类活动

（1）项目种类：粘贴画、陶艺、叶脉书签、小鲁班。

（2）可将自己制作好的成品带回家。

5. 野炊

项目种类：火锅、烧烤（任选其一）。

注：此项目可与午餐结合进行，也可单独进行（配适量食材）。

6. 游戏及拓展活动

(1) 游园项目种类：套圈、钓鱼、飞镖、盲人击鼓、九宫格、摸鱼、运气(篮)球、两人三足等。

(2) 拓展游戏种类：爱心击背、卓越圈、密码解析、龙行千里、团队破冰、信任背摔、穿越电网、盲人方阵、毕业墙头、穿越生死线、冲出亚马逊等。

(二) 下期的活动项目：凤凰花海

具体内容："几何花园"、"都市园艺师"与"花卉学堂"，在花卉园艺师的指导下，学习花卉知识，完成鲜花园艺作品。

1. 几何花园

(1) 完成最基本的鲜花栽种、堆砌，使色彩搭配和谐，鲜花摆放正确。

(2) 植物标本：前置课程——学生自制标本夹，带到活动中。课程中学习制作植物标本。

材料准备：学生自带植物、花卉标本夹(课前作业，在校自行完成标本夹的制作)。

2. 都市园艺师

(1) 了解花卉土壤知识，进行土壤配置。

(2) 轮流取苗、取工具，完成最基本的鲜花栽种。

(3) 根据花雕任务图纸集体思考创作，完成在指定区域的班级花雕园艺艺术创作。

3. 花卉学堂

(1) 认知当季3种比较有代表性的花。

(2) 用拾到的花瓣、树叶等进行花海吉祥物粘贴或创意粘贴。

鲜花游戏介绍：

游戏一：鲜花三连拍。用花卉雕塑做背景进行小组连拍(定项)。

游戏二：鲜花扭扭乐。在花与号码的对应游戏中识别多种的鲜花。

游戏三：达·芬奇密码。按照任务的要求破解鲜花密码。

游戏四：乾坤大挪移。团队集体合作用工具完成的任务。

游戏五：花海毛毛虫大战。团队协作。

游戏六：鲜花对对碰。身体协调。

游戏七：花海风火轮。团队协作。

 课程实施

本课程实施前，应对活动各个项目内容和器材做好充分准备，使学生在老师的引领下对各种花卉有一个初步的了解。本课程以一学年为一个教学周期，上下学期各一天。具体的实施方法如下：

（一）确定研学主题

成立组织，建立研学实践活动校本课程开发与实施领导小组，根据不同年段学生的生理和心理特点，确定年段主题，并精心挑选研学项目，将趣味性、知识性与实践性有效结合。

（二）规范宣传报名

通过致家长一封信、班级 QQ 群宣传等方式，告知家长研学实践活动的意义，公示活动的具体时间、出行线路安排、收费标准及注意事项，由学生自愿报名参加。对于家庭经济困难的学生，通过学校爱心驿站，争取适当减免。

（三）强化过程管理

结合研学内容，安排一名学科教师根据本次活动的研学主题，开设专题讲座；同时，安排学生对研学活动的自然风光、民俗文化通过书籍、网络等方式查询了解，以便于更快地融入活动中。学校对承办方就活动的吃、住、行提出明确的要求，每个班级至少安排 2—3 名教师和 1 名导游，对活动过程通过照片、录像等方式进行记录。

（四）统筹安全问题

对研学路线进行实地考察，提高研学路线的安全性。制定详细的活动方案和安全应急预案,落实责任人,并提前一周向相关部门进行报备。同时,对参与活动的学生进行安全教育,强化安全意识,把安全纳入活动的全过程。

 **课程评价**

在评价上注重以学生为主体,从团队精神出发,关注过程和学生个性特色。主要从以下三方面进行评价:

（一）众筹式评价。以小组为单位,对各组的活动表现进行评价,评价内容包括活动准备、途中纪律、午餐纪律、参与活动积极性、互帮互助等方面,并作为"优秀学生"的评比条件。

（二）结果性评价。活动结束后,学校和班级利用班队会时间,对班级本次研学实践活动认真总结。学生上交研学实践活动成果,学生成果可通过实践操作、作品鉴定、竞赛评比、演出展示等方式呈现,优秀者记入学生成长记录袋中,在期末"我是一颗闪亮的星"评比中,根据学生在活动中的表现,进行评比,教师对于成果完成质量给予评分。学生分组汇报活动成果,在班级内交流他们的收获与体会;最后将学生的活动成果汇总。

（三）展示性评价。学生活动中心将收集来的各项资料和图片制成展板在校宣传栏展示,将相关简报通过公众号等媒体形式宣传报道。

（课程开发者：瞿炼）

"红色之旅"研学课程

适用年级：五年级

 课程背景

　　为贯彻落实《重庆市教育委员会关于开展中小学生研学旅行试点工作的通知》精神，我校坚持立德树人的方针，继续推动素质教育，培育和践行社会主义核心价值观，培养学生的责任感、使命感和社会实践能力。

　　本课程让学生在活动中领悟革命精神，体验传统文化，促进书本知识和生活经验的深度融合，加强学生思想道德教育、爱国主义教育、党史国情教育。利用研学活动的教育契机对少先队员进行革命传统教育，继承先烈遗志，珍惜幸福生活。

　　本课程的理念是：祭烈士魂，树荣辱观。我们希望每一位学生在研学实践活动的过程中，向革命烈士学习，爱祖国、爱家乡、爱人民，从小树立服务意识。

 课程目标

　　1. 通过集体活动的方式走出校园，以"研"为宗，带着研学目的，瞻仰革命圣地，了解革命传统，学习党史、国史，树立爱国荣誉感。

　　2. 对国防武器进行参观了解，认识到科技发展的重要性，体验集体活动方式和团队合作的重要性。

 **课程内容**

本课程重在精神文化的传承,把祭奠活动和国防教育相结合,进行爱国主义教育:

(一) 上期的活动项目:烈士墓前进行缅怀活动,参观渣滓洞、白公馆

1. 主持人宣布活动开始。

2. 奏乐,献花圈,全体默哀。默哀毕,向烈士墓碑三鞠躬。

3. 辅导员老师讲话。

4. 学生代表发言。

5. 诗朗诵《烈士墓前》。

6. 全体师生有序地为烈士献上菊花,并退场。

7. 请辅导员老师带领大家宣誓。

8. 在导游的带领下,参观渣滓洞、白公馆,了解历史。

(二) 下期的活动项目:林园国防教育基地

1. 军事化氛围感受:国防教官着军装进校集合整队,让学生从集合开始就感受军事化氛围,学会严格约束自己的行为。

2. 开营动员仪式

(1) 统一换上军装

(2) 庄严宣誓

(3) 隆重授旗

(4) 军纪教育

让学生亲身感受部队庄严宣誓、隆重授旗的真实场景,激发学生对祖国的热爱、对军人的崇拜,从而用军人的军纪、作风来严格要求自己,培养个人的军人气质。

3. 军事拓展活动

(1) 击鼓颠球:先将球腾空,再用鼓颠球。规则:绳子的距离必须大于 1 米。在

规定时间内,颠球数最多的为获胜方。

(2) 珠行万里:每队所有队员相互合作协调,利用手中的运输器,将乒乓球从 A 地运送到 B 地,循环相接,运送过程中乒乓球掉落,队员需返回重来。

(3) CS 对抗赛:每个队员穿上红外线镭战背心,手拿镭战枪,听教官介绍完对抗赛规则后,在模拟战场中去突破层层障碍并完成特定任务!

4. 国防武器参观了解

(1) 国防武器参观

(2) 国防知识问答

认识枪、炮、飞机、军舰、导弹等常规兵器和现代化国际军事武器装备,了解其性能及作用。拓展学生视野,从而增强学生爱国精神,进而激发其对学习的热爱,通过与教官之间的问答互动,加深学生印象。

5. 就餐

通过实行全军事化用餐制度,培养学生令行禁止的生活习惯,通过餐前简单的口号训练,培养学生的团队意识。

 课程实施

本课程实施前,学生应通过互联网、书本对革命传统文化、党史、国史有一定的了解,知晓我国国防科技的进一步发展。本课程以一学年为一个教学周期,分上下学期进行,每学期时间为一天。实施的具体方法如下:

(一) 实施专人考察试点机制

先派专人实地考察活动路线、活动项目和吃住情况,在各项安排合理的情况下,组织个别班级到实地进行活动试点,通过活动效果的论证,再提出意见进行改进。

(二) 建立研学旅行管理模式

在学校成立专门的领导小组,明确分工,建立相关管理制度。组织会议,邀请家委会代表参与讨论,根据学生年段特点和学习需求,对活动方案进行反复论证,形成学校、家长共同决定的管理机制。

（三）按照报名公开自愿方式

拟定家长告知书,进行动员和宣传,公布活动详细计划和收费标准,由学生自愿报名参加,由学校和家长签订自愿报名参加协议,其中费用收取和支出要公开、透明。对于家庭经济困难的学生,争取采用适当减免费用等方式给予照顾。

（四）建立研学安全保障机制

学校根据活动的实际情况,制定活动方案和安全应急预案,提前一周上报相关管理部门。成立紧急事故处理小组,安排具体负责的老师,进行责任界定,切实做到对参与活动学生的行前安全教育、行中安全保护,同时对学生的拍照、观察、记录进行指导,让学生真正学有所获。

 课程评价

《"红色之旅"研学课程》采用积分制评价方式,使学生自评、小组间互评和教师评价相结合。

（一）过程性评价。活动结束后,学校和班级利用班队会时间,根据班级本次研学实践活动写观后感,认真总结,并根据学生在活动中的参与度进行自评、互评,并进行积分累加。将优秀者评价记入学生成长记录袋中,在期末"我是一颗闪亮的星"评比中,教师对于成果完成质量给予评分。

（二）成果性评价。学生活动中心将收集来的各项资料和图片制成展板在校宣传栏展示,将相关简报通过公众号等媒体形式宣传报道。

（课程开发者：瞿炼）

疯狂的报纸

适用年级：　四、五年级（选修）

 课程背景 ————————————————————————

　　西方文化中认为，美是一种形式，而人对美的感知、认识和理解正是从"秩序"、"色彩"、"质感"、"比例"、"构成"这些形式中获得的。为此，我校融合各学科、学生可能的校园、社会生活作为学习素材，研究开发了一门学校特色课程——"美感启蒙"。我们选取了"秩序"、"色彩"、"质感"、"比例"、"构成"这5个主题，将这5个主题在一至五年级综合呈现，形成了新村实验小学"美感启蒙"课程的整体架构。各个课程主题既关注学生的生活和情境体验，又与真实世界相联结。我们以设计具有美感教育功能的课程资源为目标，使课程资源以绘本、视频、图片、音频等多种形式呈现。教师也将围绕不同主题，以多学科视角进行课程统整，细化各年级5个学习主题相对应的知识点。

　　《疯狂的报纸》课程作为"美感启蒙"校本课程的子课程之一，以"美感启蒙"校本课程理念为指导，通过游戏化学习、主题式项目学习、跨学科课程统整，以好玩、有趣、审美的课程形态培养学生的核心素养。学生们通过各种项目学习在小组分工、合作、设计、制作等活动中释放自己，展示自我。通过广泛收集、技法探究、自主尝试、动手体验、创意思维等活动将生活中废旧的报纸变成一件件生动的作品，从而实现自己的艺术创想。让学生在课程活动中，最充分地展示他们的聪明才智，培养和发展自己的兴趣爱好，为学生的个性化发展提供了空间和可能。

　　本课程的理念是：实践出真知，创新无止境。根据中高段学生的年龄特点和兴趣点，结合学校环保教育工作，我们以报纸为媒介，选择学生喜闻乐见、贴近生活的内容作为主题完成本课程。

 课程目标

1. 初步了解报纸的历史和发展。感知报纸的属性，对报纸造型产生兴趣。

2. 学会运用各种技法大胆地表现生活中物体的基本形象，增强观察力、记忆力、想象力和独创力。

3. 开拓艺术视野，陶冶艺术情操，感受生活的多姿多彩。

 课程内容

本课程以"指尖灵动，创想生活"为主题，根据学生的年龄特点和兴趣点分为玩具总动员、奇幻森林、奇妙的海洋世界、创意生活＋和百变霓裳五大主题板块，具体为：

（一）玩具总动员

学生初步了解并掌握报纸造型的基本技法。学习制作简单的玩具。激发学生造型表现的兴趣。

（二）奇幻森林

初步学习拼接造型的方法。拼接有创造性的森林中的动物和植物，并上色。激发学生创造性的思考和学习。引导学生认识自然、亲近自然。

（三）奇妙的海洋世界

学习纸浆造型的方法，创意地表现海洋世界的生物。设计手工工坊体验活动。学生尝试分工协作完成作品。引导学生学习主动观察、探究和思考，尝试自己寻找方法解决问题。让学生们从内心去为集体、为他人做一些事，从而增强班级的凝聚力。

（四）创意生活＋

学习各种编织、组合造型的方法。培养学生的协作能力和积极探索、主动学习的能力。为学生观察生活、体验生活、欣赏生活中的美感提供展示平台。

（五）百变霓裳

大胆运用各种报纸造型技法对服装进行设计、制作，激发学生的创新意识。培养学生的形象思维能力、动手能力和创造力，使学生体验成功的乐趣。

 课程实施

本课程通过选编教材、互联网、多媒体课件、音像资料等多种渠道获取教学资源。以一学年为一个教学周期，上期 15 课时，下期 15 课时，共 30 课时，每周 1 课时，每课时 60 分钟。实施的教学方法如下：

（一）实践体验

注重课前材料、范例样品的收集和课堂实践操作能力的培养。发挥学生主观能动性。培养学生自主探究的能力。

（二）观察发现和讨论探究

引导学生自主观察和发现。关注学生课堂的思维碰撞，鼓励学生积极探讨和小组合作，使其逐步形成自主学习与合作学习的能力。让学生学会运用手工技法来表达独特的见解。

（三）主题的统整学习

学生在主题统整学习策略引导下，通过社会历史、自然学科、数学、美工等多学科的统整学习，获得跨学科学习的经验和综合学习的能力，增长学生的才识，促进学生综合素质的发展。

 **课程评价**

本着"为学生全面发展而服务"的理念,本课程努力构建一种全面的、重过程、重创新的教学评价体系,注重对学生学习目的、态度、审美意识的评价,注重学生想象力和创造力的评价,有效促进学生的发展。《疯狂的报纸》课程采用展示性评价、积分评价和参与性评价方式。具体的评价方法如下:

（一）展示性评价

根据主题内容和课堂合作、探究学习情况进行阶段展示性评价。评价表如下:

阶段主题内容			
创意星	拍档星	人气星	巧手星
学生 A	学生 A	学生 A	学生 A
学生 B	学生 B	学生 B	学生 B
学生 C	学生 C	学生 C	学生 C

（二）积分评价

将几大主题学习设计为阶段性任务学习,实行闯关积分制。完成任务加分积星,激发学生主动积极探索的兴趣。

（三）参与性评价

鼓励并组织学生积极参加学校内外各类赛事,增强学生自信;选拔优秀作品参与校园文化的布置;结合学校大型活动布置展板或展区,进行作品的集中展示。

（课程开发者：张蕾）

寻美重庆之"舌尖上的重庆"

适用年级：一至六年级（选修）

 课程背景

　　校本课程"美感启蒙"以设计具有美感教育功能的课程资源为目标，其课程资源以绘本、视频、图片、音频等多种形式呈现。教师也将围绕不同主题，以多学科视角进行课程统整，各个课程主题既关注学生的生活和情境体验，又将其与学生的真实生活关联。期望学生们以主题式学习为形式，通过解决真实世界的问题，从细小处去感受美的存在。

　　《寻美重庆之"舌尖上的重庆"》课程作为学校"美感启蒙"校本课程下的一子课程，从学生生活实际出发，将重庆的火锅、小面、酸辣粉等代表性美食作为研究对象，开展集了解、制作、品评、创新、推广等为一体的综合性学习课程活动。这为学生们营造了一个个性充分发展的空间，营造了学生和团队、教师、家长协作成长的空间。

　　本课程的理念是：一双小巧手，寻美"舌尖上的重庆"。本课程针对学生们既熟悉又大有研究空间的重庆美食，通过语文、数学、英语、音乐、科学、美术、综合实践、心理学等多学科融合，让学生协同班级同学、教师、家长和社会资源，去了解重庆美食的历史渊源、制作、鉴赏、推广等一系列的问题。重在参与、探究、理解整个过程。

 **课程目标**

　　1. 以"舌尖上的重庆"为主题，学习重庆代表性美食相关知识，从中了解相关美食

的来源、制作、品评和推广等等。

2. 体验数学、语文、美术、科学、英语等多学科整合的课程，对"舌尖上的重庆"主题对象进行深度拓展学习和成果展示。

 课程内容

舌尖上的重庆，顾名思义就是重庆美食。重庆总是与"美食"二字相伴，无论谁来到重庆都不会错过火辣山城的各种美味：火锅、串串、酸辣粉、凉粉、凉面、烧烤、江湖菜……各年级选取一种或一类美食作为主要研究对象，以了解美食、制作美食、品味美食、营销美食、成果展示为基本的活动流程，针对美食的起源、发展、现状、相关文化等展开学习活动。

 课程实施

实行年级组长负责制，在年级组长的统筹安排下合理分工、全员参与，拟定好具体实施方案、课程计划书，收集、整理、制作好课件和其他课程资源。年级组长负责召集组内教师，集中讨论、制定方案。分管行政老师到场指导。活动开始前一周各组将课前准备的实施方案、课程设计规划书、课件打包上交到年级组分管行政处备查。各年级组注意进行资料的收集和留存（图片、文字、视频、作品），最后要将其打包上传学校资源库。

（一）确定主题

各年级围绕学校的大主题，自行确定适合本年级学生特点的活动主题、内容与目标，并且每个年级的主题不重复，使六个年级综合起来又形成一个完整的体系。做到内容丰富且统一。

（二）实操体验

虽然各年级主题各异，但流程统一，均需要研究相关主题美食的历史、制作方法、品评互动、创新反馈，并面向全校推广。在原材料采购上特别注意食品安全，做到渠道正规、搭配合理。现场展示注意互动环节、服饰、装饰的创新，并保证现场秩序、清洁卫生等。全方面培养学生们的解决问题的能力。

（三）成果展示

最后半天为各年级的成果集中展示时间，以美食展销为主要形式，辅以展板，展出相关的小报、手工、美术、书法等作品。各年级在操场设立一个主展销台，现场制作美食，每个班级是分会场，届时全校学生流动品评各年级各班的美食。每个年级设一个独立展台，学校层面尽量联系一个类别的专业人士参与现场展示。

课程评价

本课程有别于国家课程，更注重于学生参与整个活动的过程性评价，评价标准以阶梯式递进，主要体现在以下几方面：

（一）"档案袋"式评价（以个人为单位）

在整个研究美食过程中，学生应做到主题明确，循序渐进，并有强烈的资料收集意识，做到每个阶段有图片、文字等过程性资料，最终形成学生资料袋。此评价追求开放性和个性多元化。评价对象不仅包含已经完成的作品，而且还包括正在计划完成的内容。

教师观察学生在制作美食阶段的小组协作完成是否有序，是否做到了安全规范，制作完成后是否能做到清理整洁。

将过程资料和教师观察相结合，力求做到对学生进行全方位综合性评价。

（二）学生互相评价（以小组为单位）

建立合理的学习小组，在制作美食、品评美食等阶段以小组为单位参与评价其他小组，完成小组评价单。小组评价单可为教师全面了解学生提供准确和动态的依据，也可以使本小组的学生更清晰地掌握自己制作美食的水平，明确优势，不断改进本小组的不足。有利于以小组为单位的团队激发动力、挖掘潜能、改进制作策略等，达到"以评促发展"的目的。

（三）成果展示评价（以班级为单位）

在学校大操场，每个班参与展销会，推出自己班的特色美食，提倡对不同的学生有不同的评价。评价标准为能否融入班级展台布置，展现出班级互动效果。每班可要求部分家长参与其中，做到学生和教师、家长、其他社会资源间的相互融合，充分锻炼师生之间、学生之间的沟通能力。

（课程开发者：张未丽）

第五章　弘美健体：塑造健康的身心

身体是灵魂的住所，更是灵魂的工具。一个生命力旺盛的民族，一定是身心健康的，具有强健体魄的，拥有坚强意志的，充满生机与活力的民族。欲文明其精神，必先野蛮其体魄。体育与人格碰撞在一起激发的最打动人的魅力，在于体育精神里传达出的情感共鸣，在于蕴含其中的合作与默契，在于达成目标过程中那种执着追求、不轻言放弃的坚定信念。体育对学生个人成长及整个社会都有着积极的意义。因此，蔡元培先生提出"完全人格，首在体育"。

身体是灵魂的住所，更是灵魂的工具。灵魂寄居于身体，强健的体魄帮助我们的灵魂达到目标。没有强健的身体，人类无法完善自身的道德修养，更无法履行家庭、社会、国家责任；没有强健的体魄，脑力就会衰弱，智力就会低下，创造就没有了可能。健康的身体既是实践道德的基础，又是从事学习、科学研究的基础。因此，蔡元培先生提出："完全人格，首在体育"。

一个生命力旺盛的民族，一定是身心健康的，具有强健体魄的，拥有坚强意志的，充满生机与活力的民族。体育能增进运动技能，促进身体发育，提高运动兴趣，使人养成良好的社会行为规范，推进身心全面发展。体育活动中，学生能更好地认识自己、塑造自己，对学生终身发展，对推进整个社会的文明和进步都有着积极而深远的意义。

我校把培养"健康"、"担当"、"乐学"、"创新"的新美少年作为育人目标。作为育人的载体，"弘美健体"课程是我校"新美课程"体系下，以培养学生身心健康为目标的一门课程。本课程的设置体现了国家课程校本化，校本课程精品化要求。在课程开发中，我们本着"健康第一"的指导思想，拟通过"弘美健体"课程的实施促进学生身体、心理和社会适应能力整体健康水平的提高，挖掘并发展学生个性特长，促进其终身运动的理念的形成。

"弘美健体"课程具体课程内容有心灵密码（心理健康）和健体（身体健康）两大类课程。心灵密码课程包括"情绪抱抱团"、"藏在书包里的红玫瑰"、"最棒的我"三门课程。健体课程有"体育与健康"、"体育与运动"、"绳彩飞扬（跳绳）"、"多彩体育节"、"田径运动会"、"篮球公园（篮球）"、"绿茵乐园（足球）"、"田径健将"、"武动新村（中国武术）"、"棋乐无穷"、"小飞鱼馆（游泳）"等十多门课程。"弘美健体"课程从课程设计到评价的各个环节，始终把学生主动、全面的发展放在中心地位，特别强调学生学习主体地位的体现，充分发挥学生的学习积极性。

体育使人健康，赋予人健美的体形，塑造人健壮的体魄，涵养人的灵性，给予人美的享受。在全面培养学生核心素养的今天，体育肩负着培养健康人的任务，为全人教育奠基。只有健康地生活，人自主发展才有了可能。有了强健的体魄，才能担当社会责任；拥有健康的身体，创造性的实践才有可能成为现实，作为生命体本身的印迹才可在历史的长河中得以保留。复兴民族，体育是关键。个体身体强健，才能谋得民族的健康，中华民族的伟大复兴才能得以实现。

（邓建中）

武动新村

适用年级： 三、四年级（选修）

 课程背景

中华武术是中国特有的一项传统体育项目。中华武术历史悠久,内容多种多样,它具有强健体魄、防身自卫、比赛表演、观赏交流等功能,深受学生喜爱。如今,家长们都很重视孩子的身体健康和自我保护能力的培养。很多学生参与校外跆拳道的训练,但很少参加传统的武术培训。我校开设《武动新村》课程就是为了让学生们感受传统体育的魅力,提升身体素质,磨炼学生意志,提高他们自我防卫的能力。

本课程秉持"传承经典,乐在运动"的理念,使学生通过掌握传统武术的简单套路,品味体育运动的精彩,体验运动中的快乐,培养学生自我保护能力。构建出适合我校发展的体育特色教育之路,促进学校体育工作的可持续发展。

 课程目标

1. 初步了解武术相关知识、武术体育项目的起源和发展。

2. 初步掌握武术基本功、长拳的基本动作及简单小套路的动作技术,逐步形成正确的武术动作姿势。

3. 通过学习武术,提高身体的灵敏性和协调能力,使身体各方面得到发展,增强自我保护能力。

 **课程内容**

本课程围绕武术概述、武术基本功、武术长拳三部分进行教学。

(一) 武术概述(共 1 课时)

主要内容是武术的概念、形成、发展、内容和分类。

(二) 武术基本功(共 10 课时)

主要内容是学习武术的手型和手法、步型、腿法。使学生能正确掌握武术基本功动作,了解其运用方式。

1. 武术基本功(武术手型：拳、掌、勾。武术手法：冲拳、劈拳、推掌、亮掌)。掌握正确动作,能协调运用动作。(1 课时)

2. 武术基本功(武术步型：弓步、马步、仆步、歇步、虚步)。学习武术基本步型动作,做到动作正确、稳固。(1 课时)

3. 武术基本功(武术柔韧：压腿、压肩。武术腿法：正踢腿、单拍脚、弹腿、蹬腿、踹腿)。掌握武术柔韧练习的方法,腿法动作快速有力。(2 课时)

4. 武术小组合动作 1—4。学习武术长拳小组合动作,能正确、协调、连贯地演示动作。(4 课时)

5. 复习武术基本功动作及小组合动作。(2 课时)

(三) 武术长拳(共 15 课时)

主要内容是学习长拳小套路五步拳、长拳基础套路(第一套)和长拳基础套路(第二套)。通过学习,学生能掌握正确的动作要领,能连贯、协调、完整地演示套路动作,体现武术意识,达到形神合一。

1. 武术基础套路(五步拳)。掌握整套正确动作,动作协调、快速有力。(4 课时)

2. 武术基础套路(第一套)。掌握整套正确动作,动作完整、劲力协调、节奏分明。(5 课时)

3. 武术基础套路(第二套)。学习套路的动作要领,能准确掌握动作路线和力点,体会动作节奏,提升武术意识。(5 课时)

4. 复习巩固所学套路。进一步提高、强化套路动作的技术,能节奏分明,体现攻防意识。(1 课时)

 课程实施

本课程以社团活动形式开展。课时安排以一学年为一个教学周期,上、下期分别安排 13 课时,共 26 课时;每周 1 课时,每课时 60 分钟。本课程资源采用选编教材。参与人数为 40 人,适用对象是三、四年级对武术项目有兴趣的学生。本课程实施采取以下策略:

1. 讲解示范

通过教师的语言讲解、准确示范,激发学生的武术学习兴趣,让学生正确掌握武术的基本动作及套路动作。

2. 循序渐进

在教学中,教师采用循序渐进的方式教学。从单个动作到连贯的小组合动作,再到最后的小套路练习,由易到难,层层递进。教师还可结合学生的实际掌握情况,适当调整教学进度。

3. 指导纠错

教学中,教师通过对学生动作的观察,及时进行动作的指导纠错,促进学生更准确地掌握武术动作,为后面的套路学习打下坚实的基础。

4. 复习巩固

武术教学中,单个动作的掌握情况直接影响武术套路的学习,所以在课堂上要不时地对已学过的武术动作进行复习巩固,不断提高动作的质量。

5. 观察模仿

学生通过观察，自行模仿武术动作，对有困难的动作求助老师，跟随老师一起学练动作。

6. 合作学习

激发学生的学练热情，引导学生之间互帮互助、学会鼓励和欣赏同伴，使学生有更多的机会表现自己，在学习中获得成功的喜悦。

 课程评价 ———————————————————————

本课程对学生的评价主要采用"参与性评价"和"展示性评价"。除教师评价外，还参考学生的自我评价和同学间互相评价的意见。学生的最终成绩则以综合等级评定，等级分为优、良、合格与待合格四级。90 分及以上为优秀，70—89 分为良好，60—69 分为合格，60 分以下为待合格。

（一）参与性评价

参与性评价为出勤情况、参与态度情况。

1. 出勤情况：根据教师对学生上课的出勤率记录评定，缺席一次扣 5 分。凡武术课缺席（病假、事假）次数占实际授课时数的 $\frac{1}{3}$，不予评定本部分成绩。

2. 参与态度：学生遵守纪律，学习态度端正，能积极主动地参与学习，认真练习。

（二）展示性评价

展示性评价指教师在考评过程中，对学生掌握武术套路动作的质量进行评定成绩。考评内容上期为"五步拳"；下期为"武术基础套路（第二套）"。

《武动新村》课程学习评价表

评价指标		分值	评 价			
			自评（20%）	互评（30%）	师评（50%）	综合评价
出勤情况 20%	按时出勤	20				
参与态度 30%	遵守纪律	10				
	主动参与	10				
	认真练习	10				
期末考评（武术套路）50%	动作正确、协调	10				
	动作完整、连贯	10				
	动作轻松、有力	10				
	能体现武术意识，演练技巧	20				

（课程开发者：李璐）

心灵密码

适用年级： 四至六年级（必修）

 课程背景 —————————————————————

　　随着现代社会和互联网的发展，人们随时会接收到"某小学生因不服父母的管教而离家出走"、"某小学生因作业太多而跳楼自杀"等新闻。各种真实案例，让人们更加意识到心理健康教育迫在眉睫。2012 年，教育部要求：每所学校至少配备一名心理教师。心理健康教育，就像是一次次关于心灵密码的解读。要让儿童真正放飞自我、健全人格，需要老师引导儿童敞开心扉，解读自身的心灵密码。

　　一个心灵健康的人才能拥有健康的人生，《心灵密码》课程的开发应致力于培育小学生良好的性格品质、开发智力潜能、增强心理适应能力、激发内在动力、维护心理健康、养成良好行为习惯，这也遵循了我校提出将学生培养成为一个"健康、担当、乐学、创新"的新村美少年理念。

　　《心灵密码》课程秉持"探索心灵奥秘，开启精彩人生"的课程理念。心灵的完善与个人成长不可分割，我们相信一个探索自己、了解自己的人，才能更好地了解别人、了解世界。我们开设本课程旨在使学生通过每次的体验，释放自己，发展完整的自我认知，进行有效的情绪管理，加强同伴人际交往，以促进其心理健康，从而为健康成长奠基，开启精彩人生。

课程目标

1. 通过多媒体图像、文字等方式,能初步了解自我认知、情绪以及合作的基础概念。同时,通过投射测验、活动探索、自我造句和自评的方式,加强对自我的认识,明确奋斗的目标。

2. 通过活动体验,深入了解自我,学会认识情绪、识别情绪、表达情绪,初步成为一个能表达情绪的人。

3. 通过心理剧、角色扮演等方式,学会在合作中管理情绪,体验团队合作的重要性,加强对同伴交往的认可,同时正确认识异性交往。

课程内容

本课程以"心灵密码"为主题,开设年级为四至六年级,其中对每个年级又分为了自我篇、情绪篇、交友篇三个板块进行教学。

(一)自我篇

自我认识是了解自己和他人的基本途径,一个不能客观认识自己和他人的人,就不能形成良好的自我认知,他的人际交往方面也会产生不良影响。

四年级自我篇的主要内容是自我认知,包括《欢迎你四年级》、《我是谁》、《独一无二的我》、《我们开学了》、《自评 ABC》、《他眼中的我》,通过图像、文字等方式,引导学生对自我独特点进行初步了解。

五年级的自我篇板块包括《欢迎你五年级》、《魔镜魔镜告诉我》、《独特的我》、《开学啦》、《我给自己打个钩》、《四个我》,通过投射测验中的绘画、自我造句和自评的方式,加强学生对自我优缺点的正确认识。

六年级的自我篇板块包括《欢迎你六年级》、《我是一棵树》、《阳光和雨露》、《开学APP》、《为理想起航》、《理想温度计》、《理想相册》，通过探索和相册设计，完善学生对自我的认识，同时使其清楚奋斗的目标。

（二）情绪篇

情绪管理是情绪篇中的一大重点，一个会管理自我情绪的人不仅能恰当表达自我、准确识别他人情绪，还能对自我情绪做出正确的反应。

四年级的情绪篇包括《情绪大花园》、《情绪脸谱》、《情绪小管家》、《喜怒哀乐说情绪》、《不怕不怕》，通过多媒体、情绪活动等方式，引导学生从认识情绪、识别情绪到表达情绪，初步成为一个能表达情绪的人。

五年级情绪篇为《藏在书包里的红玫瑰》，通过叙事、案例欣赏、表演等方式，引导学生学会管理情绪和表达情绪，并对四类基本情绪进行归纳整理。

六年级的情绪篇包括《情绪哗啦啦》、《当嫉妒来敲门》、《天使和恶魔》、《生活中的气球》、《压力来了做做操》、《离别会再见》，通过心理剧、角色扮演等方式，引导学生侧重情绪的综合管理，成为一个能表达、会表达情绪的人。

（三）交友篇

交友篇中人际交往则成了本板块的重点，而小学阶段的人际关系侧重于同伴关系的处理。良好的同伴关系，能有效提升儿童的自我效能感，增强自信。

四年级交友篇的内容包括《超级力量》、《我的身体会说话》，通过对合作和倾听的认识，使学生在团体心理辅导游戏中体验团队合作的重要性，加强学生对同伴交往的认可。

五年级交友篇的内容包括《奇妙能力》、《井口逃生》、《小蜜蜂的秘诀》、《惊天魔盗团》、《冒险岛之旅》、《快乐啦啦队》、《男生女生》、《我的花季雨季》、《悄悄来临是爱情?》，通过团体心理辅导游戏，使学生在活动中区别合作与依赖，遵循规则，同时学会与异性的正确交往。

六年级交友篇中《红与黑》、《美丽旅行》、《我爱我的家》侧重于引导学生在合作中找寻技巧，处理离别时的人际关系。

课程实施

本课程适用于四至六年级学生,参与人数共计 660 人。以自编的讲义,心理健康教育教材(北师大版)、互联网、多媒体课件、音像资料等为课程资源。课时安排以一学年为一个教学周期,其中,四年级和五年级各需 16 课时,每周 1 课时,每课时 40 分钟;六年级共需 30 课时,每周 1 课时,每课时 40 分钟。课程实施过程中,根据课程内容形式选择利用班级教室或大礼堂作为教学场地。根据课程实际情况,本课程采取以下教学方法进行课程实施:

(一) 自主探索

将理论学习和自主探索相结合,在探索中寻找每个主题的基本要素,掌握主题的概念以及其不同的表现形式。

(二) 情景体验

以分组活动的方式,运用情景模拟,调动学生的各项感官,引导学生在活动中体验各类情感。同时,通过多媒体资料,让学生在音乐和影像资料的欣赏中,体会自我认知、情绪和合作中带来的不同影响。

(三) "辩"中寻理

以辩论赛的方式,引导学生展开对相关话题的辩论。在辩论的过程中,引导学生对一件事物的正反面进行思考,同时,激发学生对各个主题辩证思考的方向意识和能力。

(四) 自我评估

在小组合作的过程中,引导学生积极主动地将自己的想法与别人的方法进行比较,让学生从多方面评估自己。如:我的这个方法是否可以进行量化和具体操作,完成目标的过程中会有哪些情况的出现等等。

(五) 综合运用

将学生在课堂中感悟到的方法和感受,通过多种形式进行呈现,如:利用多媒体,运用小组展演的方式,或是直接在活动竞争中找寻方法。这些在考验学生的同时,也对其综合能力进行了不同层次的培养。

在本课程实施过程中要遵循以下原则:

1. 封闭性与开放性相结合

一方面,心灵密码的探究过程是属于个人隐私表露的过程,因此,教师在课程实施的过程中要确保学生的隐私不被外传,保证心理秘密的封闭性,同时也要向学生说明保密例外。另一方面,心灵的成长需要不断探索、不断敞开心扉,进行必要的自我暴露,因此,课程中教师需要引导学生进行积极的自我表达和自我体验,给学生营造一个安全而又开放的环境。

2. 思考性与活动性相结合

教师在授课时应该注意通过活动等形式充分调动学生的积极性,推动学生放松身心表达自我,同时,也需要及时引导学生活动后的讨论和思考。活动不是目的,目的是在活动中真切感悟并有所体验。

3. 唯一性与多样性相结合

教师在授课时需要侧重对每个个体的关注,以不同的眼光看待每位学生,坚持"每个人都是独一无二的!",明确每个学生都是唯一的个体,明白正因如此,造就了每个团队的多样性。教师需要既注重学生的个体性,又注重团体的差异性,真正地做到因材施教。

课程评价

本课程评价根据本课程特色采用参与性评价与展示性评价相结合,对学生的心理调适能力进行综合评价,具体做法如下:

(一) 参与性评价

在板块的学习结束后,学生、同伴以及老师分别进行评价,并记分,各项评分 10

分,总分 30 分。

评价项目	自评(10)	互评(10)	师评(10)	合计(30)
自我认知				
情绪管理				
人际交往				

(二) 展示性评价

此评价用于课程结束时,参考每个板块的参与性评价,结合学生在表演及展示性活动中的表现对学生进行评价,并在符合的称号下打钩,得票率最高的当选为本期的"认知能手"、"情绪达人"、"交友之王"、"综合之星"。

姓名	认知能手		情绪达人		交友之王		综合之星	
	互评	师评	互评	师评	互评	师评	互评	师评

(课程开发者:焦淑贤)

篮球公园

适用年级：五、六年级学生（必修）

 课程背景

　　篮球运动，起源于美国，是以运球、投篮、上篮和扣篮为中心的对抗性室内体育运动。如今，篮球运动逐步成为中国社会普遍流行的一项运动，中国进行篮球运动的人超过2亿。《中共中央国务院关于加强青少年体育增强青少年体质的意见》指出："广大青少年身心健康、体魄强健、意志坚强、充满活力，是一个民族旺盛生命力的体现，是社会文明进步的标志，是国家综合实力的重要方面。"因此，我们开设《篮球公园》课程是想通过本课程使学生体魄强健、充满活力。

　　《篮球公园》是我校为了不断推进素质教育，深化教育教学改革，丰富学校内涵，提升学校办学品位，强化办学特色，而设置的位于"弘美健体"课程下的拓展性课程。《篮球公园》秉持"玩转篮球，炫出精彩人生"的核心理念，主要选取基础、简单的篮球动作，通过教师讲解、示范，使学生反复体会、训练，让学生感受到篮球的魅力。本课程不仅仅能够丰富学生的课余生活，而且能促进学生身心的协调发展，培养学生的竞争意识、顽强拼搏精神和集体主义精神，使学生受到"稳、慎、勤、诚"的传统文化熏陶，让每个学生收获成功的体验，训练其意志品质，为终生发展奠基。

课程目标

1. 了解篮球的基本知识，感受篮球的魅力。丰富学生课余生活，促进其身心的协调发展。

2. 在分组练习中掌握篮球的传、运、投的基本方法，使学生养成兴趣并能积极地参与到篮球活动中，提高篮球运动水平。

3. 学生在分组对抗练习中学会简单的战术配合，养成竞争意识、顽强拼搏精神和集体主义精神。

课程内容

参加本课程的学生有一定篮球基础，考虑到掌握篮球技能是进行篮球比赛的基础，先安排篮球技术的巩固与复习单元，然后再安排篮球运球和比赛的学习内容。具体课程内容为：

板块一：篮球基础知识的了解：介绍篮球的基础知识。

板块二：熟悉篮球球性及基本步法练习：原地左、右手运球练习；原地高、低运球练习(左、右手)；直线、曲线运球练习；行进间运球练习；行进间左、右手直线运球。防守脚步的练习。

板块三：篮球投篮练习、上篮练习：单手三步运球上篮；胸前双手投篮；单手肩上投篮；单手三步上篮练习。

板块四：简单战术配合(5 VS 5)；5 VS 5 教学比赛。

课程实施

本课程通过自编的讲义、教学视频等多种渠道获取教学资源,以学校篮球场为教学场所。每周 1 课时,每课时 60 分钟,以一学年为一个教学周期,上期 13 课时,下期 13 课时,共 26 课时。在课程正式实施前,教师应准备好篮球、标志桶、分队背心、秒表等教学用具。实施的教学方法如下:

(一)循序渐进

让学生先练习身体素质、熟悉球性,再学习基本技术动作。教师结合学生的实际情况,适当地降低教学难度。如在讲授原地高、低运球时,教师应先讲触球位置和球的落点,让学生把触球的位置和落点掌握好后,再让学生进行行进间运球练习。

(二)因材施教

根据每个学生的特点选适合他们自己的场上位置进行专项训练,在这个过程中,教师应先讲解专项的特点和动作技术,再让学生体验动作技术。在学习这个动作技术的同时,教师可以利用视频、技术动作分解训练等方法来提高学生的篮球运动水平。

(三)合作学习

课程实施过程中,要激发学生的学、练热情,使学生有更多的表现机会,让学生获得成功的喜悦。引导学生之间互帮互助,学会鼓励和欣赏同伴。

 课程评价

(一)分块测评:依照评价表中的标准,分别从"出勤、活动参与、运动成绩"三方面进行分块测评。

(二)学生综合评价:按出勤 20%,活动参与 20%,运动成绩 60%标准评价,将三个板块中的等级按优秀计 95 分,良好计 84 分,及格计 74 分,折算出综合得分。

（三）综合评定等级根据综合得分,85 分及以上为优秀,75—84 分为良好,60—74 分为合格,60 分以下为待合格。

《篮球公园》课程学习评价表

评价项目		评 价 标 准			评价结果			点评
		优秀	良好	合格	自评	互评	师评	
出勤		全勤。	缺勤 3—5 次（缺勤 1 次扣 5 分）。	缺勤 6 次及以上（缺勤 1 次扣 5 分）。				
活动参与		积极参与示范。	积极练习。	能在教师的指导下参与练习。				
运动成绩	篮球基础	熟练掌握篮球基础知识,运球、投篮、传球等技术,并且能够在比赛过程中合理运用篮球技术;运球上篮两趟能全进。	比较熟练地掌握运球、传球、投篮等技术,在比赛中能够运用所学技术;运球上篮两趟能进3个。	基本掌握运球、投篮、上篮等技术,上篮动作基本连贯;运球上篮两趟能进至少1个。				
	熟悉球性	能够正确运用单手高低运球,双手左右拉球。左右胯下运球、行进间直线运球都能被熟练运用。	能很好地运用单手高低运球,能很好地运用所学习的运球技术动作。	熟练掌握所学习的运球技术动作。				
	投篮练习	双手胸前投篮,单手肩上投篮、上篮;1分钟投篮能进 8 个以上。	双手胸前投篮、单手肩上上篮;1分钟投篮能进5个。	双手胸前投篮,单手上篮;1分钟上篮能进3个。				

续　表

评价项目		评价标准			评价结果			点评
		优秀	良好	合格	自评	互评	师评	
	技战术配合	能熟练掌握教学比赛中的 5 VS 5 比赛配合，全场后卫快攻下底线战术，半场 2 VS 2,半场 3 VS 3 战术,挡拆战术等。	能掌握全场 5 VS 5 比赛配合，后卫下底线快攻战术,半场 2 VS 2，3 VS 3 战术。	能掌握教学比赛中的 2 VS 2,3 VS 3 战术,挡拆战术。				
总分								

（课程开发者：唐代伟）

舞动绳弦

适用年级： 一、二年级（必修）

 课程背景

　　我校地处重庆主城商圈，是重庆市体育传统项目学校，是江北区田径、游泳业余训练重点项目学校。学校有着良好的体育运动氛围和基础。随着学校的发展，学生人数增多，一些体育项目的开展受到限制。为了使每个学生都能较好地掌握两项体育运动技能，结合小学低年级学生生理、心理特点和学校实际，我校开发了不太受场地限制的《舞动绳弦》跳绳课程。

　　跳绳作为一项喜闻乐见的体育活动，既有强身健体的作用，又有表演娱乐的成分，因而深得众多小学生喜欢。短短的跳绳不仅能提高学生身体素质水平和平衡能力，发展其身体协调性和灵敏性，还能够丰富学生的课余文化生活，让学生劳逸结合。

　　《舞动绳弦》课程的核心理念是：健康第一，以绳健体。此课程以"健康第一"为指导思想，通过学生积极主动地参与，提高身体素质。同时，从体育的本质出发，通过身体锻炼的方式，由点到面，增强学生综合素质。

 课程目标

1. 学习跳绳运动基本知识，感受跳绳运动带来的乐趣。
2. 初步掌握跳绳的基本技巧，提高学生身体的灵敏性和协调性。

3. 在体验中增强团结互助的合作精神和积极向上的竞争意识,提高分析、解决问题的能力。

 课程内容

学生通过对课程的学习,了解跳绳历史与文化,掌握各种花样跳绳的技术要领和技巧,并激发学生对跳绳运动的兴趣,养成终身锻炼的好习惯。本课程共分为三个模块。

模块一:主要学会如何正确丈量绳的长短,基本掌握单人(并脚跳绳、双脚交换跳)跳绳。

模块二:学习双人合作跳绳(单人摇绳双人跳项目练习、双人摇绳双人跳项目练习),学习传统集体项目(大跳绳、"8"字跳长绳)。

模块三:了解跳绳的比赛规则,对照跳绳的评价标准,正确认识自己的跳绳水平和能力。

 课程实施

本课程采用自编课程资源,适用于小学一、二年级学生。课时安排共计 32 课时,每周 1 课时,每课时 40 分钟,以一学年为一个教学周期。学校为每名学生配发一根短绳,每个班级配发 4 根长绳,保障课程的顺利实施。

(一)课程实施原则

1. 现实性原则。本课程对体育场地的需求不高,便于实施。在学习的过程中,教师主要从激发学生的兴趣入手,调动学生参与体育锻炼的积极性。

2. 发展性原则。本课程以学生发展的视角为主,通过跳绳的系列练习,培养学生兴趣的同时,促使学生的身体素质得到明显的提升。

3. 合作性原则。本课程是主要以跳绳为主题的活动,采用互帮互学等形式,不断提高学生运动技能和水平。

(二) 学习方法

1. 学生通过自学,了解动作基本要领,重在于实践体验中掌握跳绳的方法,悟出运动的技巧,从而达到熟练掌握动作技术。

2. 学生在组织的各级各类跳绳比赛中,互相学习,提高运动能力和水平。

3. 小组集体学习展示。

 **课程评价**

(一) 教师教学评价

1. 学校强化体育教学“六认真”检查中的跳绳环节,每月检查跳绳的课程设计、修改和课程反思。

2. 学校每两个月对学生跳绳技能进行测试、统计、分析,为期末总结积累数据材料。

3. 每学期教师上一节以跳绳为主题的教学研讨课。

(二) 学生学习评价

1. 教师根据学生的不同水平设置不同评价标准,体现差异性,增强学生学习兴趣,提高学生自信心。

2. 跳绳过程中学生热情参与,主动练习,能正确评价他人的动作技术,了解自己与他人的差距,学习并借鉴他人的好方法。

3. 主动参与,尽量做到不缺勤。学生能对照评价标准,了解自己的学习状态和水平。

（三）跳绳技能评价标准

（一、二年级）跳绳技能评价标准（男女相同）

跳绳类别	评价等级			测试方法和要求
	优秀	良好	及格	
跳短绳	120	80	60	1分钟跳短绳
跳长绳	50	30	20	1分钟"8"字跳长绳（15人）
双人跳	10	8	6	30秒双人合作

（课程开发者：侯兴怀）

"逐梦飞扬"田径运动会

适用年级：一至六年级（必修）

 课程背景

　　田径运动会是全世界范围内普及的盛会，它是检验一个国家国民素质和风貌的一种活动，我校田径运动会是为了全面检阅学校田径运动开展情况，检查教学和训练成果，推动学校群众性体育活动的开展，促进运动技术水平提高的一门课程。通过运动会，可以培养学生奋发向上、遵守纪律、集体主义和荣誉感等品质，并能振奋师生精神，活跃学校生活。

　　《"逐梦飞扬"田径运动会》课程能丰富学生校园文化生活，活跃校园气氛，为体育特长生和体育爱好者搭建展示才华的舞台，引领学生发展特长。一系列丰富多彩的体育项目，能让尽量多的学生参与运动中，从中受益。它能最大限度地满足学生对体育锻炼的需求，锻炼学生身体，增强学生体质，促进其身心健康。

　　本课程的理念是"挑战运动极限、演绎精彩人生"。通过运动会激发学生的运动兴趣，让学生喜欢运动，让身体更健康。本课程让学生在体育竞技中挑战自己的运动极限，体验跑得更快、跳得更高带来的快乐，在运动中树立集体主义意识和合作意识，养成"宁正直而败，毋诡诈而胜"的良好品质，为自己终身发展奠基。

 课程目标

1. 通过运动会展示自己的运动技巧和技能。

2. 通过体育活动调动学生参与体育锻炼的积极性，养成终身锻炼的好习惯。

3. 通过体育竞赛，树立集体主义意识和合作意识。

 课程内容

田径运动会以田赛和径赛为内容，分为个人单项和集体项目两种形式，具体内容为：

径赛类：一、二年级男、女 30 米；一至六年级男、女 50 米；一至六年级男、女 200 米；三至六年级男、女 400 米；五、六年级男、女 800 米；五、六年级男、女 4×140 米；一至六年级男、女 30 米迎面接力。

田赛类：三至六年级男、女跳高；三至六年级男、女跳远；一、二年级男、女立定跳远；三至六年级男、女掷实心球；一、二年级男、女掷沙包。

 课程实施

根据学校场地的情况确定比赛项目，每年一次，在 10 月举行，集中在 3 天内比赛。课程实施按照以下程序进行：

（一）报名：班主任按照比赛规程的相关要求负责网上报名工作。

（二）筹备：体育组老师负责前期的规程制定、报名统计、编排、秩序册的打印等工作。

（三）组织：在集中比赛的 3 天内，由裁判长统一指挥协调进行比赛，每个裁判组由体育老师担任主裁判，其他老师担任裁判员。

（四）保障：体育老师负责比赛器材的准备以及体育场地的布置，后勤负责裁判饮水以及一些需要的物资的购买，各个班主任负责本班的安全。

课程实施中注意以下几个策略：

1. 全员参与的原则

本课程的实施旨在能够真正调动学生参与体育锻炼的积极性。从参与面上，尽可能扩大参与面，采取单项比赛与集体比赛相结合的方式。单项比赛限制运动员报名次数，每位运动员最多可报 3 项，每名学生至少参与 1 项比赛。

2. 发展性原则

本课程的实施，为学生提供展示自我、促进发展的舞台，能够促进学生自我身心发展和提升运动能力，促使学生的身体素质得到显著的提高。

3. 合作性原则

本课程的实施，尤其强调学生间相互配合，重在培养学生团结协作的精神。

4. 竞技性与趣味性相结合的原则

竞赛项目的设置，一方面要考虑选拔人才，另一方面尽可能提高比赛的趣味性，使学生在竞技比赛的过程中享受运动的快乐。

 课程评价

本课程采用名次评价和记分评价。

（一）名次评价

各年级分别按团体总分录取名次，团体总分按本年级班数的 50% 录取。若团体总分相等，以集体项目第一名数量多者列前，再相等则以单项第一名多者列前，以此类推。各单项比赛按成绩取前六名，为获得单项前三名的运动员颁发证书。

（二）记分评价

各单项按 7、5、4、3、2、1 分数计分，30 米迎面接力和 4×140 米进行双倍计分，按名次分别按 14、10、8、6、4、2 计分。破校最高纪录加 14 分，破年级最高纪录加 7 分。1 人在 1 个项目中，多次破纪录，按 1 次计算。

（课程开发者：张成斌）

田径健将

适用年级： 四至六年级（选修）

 课程背景

　　田径运动对人体的好处是众多的。我校是重庆市田径项目传统学校，在一批训练经验丰富的教练指引下，田径队学生参加重庆市、江北区等各大比赛都取得了良好的成绩。为了提高学生身体素质，挖掘、培养学生体育特长，充分展示自我，同时使我校田径队水平在重庆市处于前列的水平，我们开设了《田径健将》课程，为学生搭建成长平台。

　　本课程的理念是"挖掘潜能、培养特长"。在课程实施中，组织体育成绩比较优秀或运动天赋比较好的学生参与训练。在训练中挖掘学生潜能，从而达到培养学生某一项或者几项特长的目的。

 课程目标

1. 通过观察，了解走、跑、跳、投的相关知识，体验并掌握走、跑、跳、投技术动作。
2. 学习训练的方法，通过训练提高运动能力，培养良好的意志品质。

课程内容

　　本课程按训练的要求分为身体素质训练和专项技术训练。身体素质训练包括：速度训练的 30 米、50 米、60 米、110 米训练；力量训练的两头起、两头翘、仰卧起坐、蛙跳、单脚跳练习；耐力训练的 7 圈计时跑、10 圈计时跑、集体跑；柔韧训练的韧带的拉伸。专项技术训练包括跨越式跳高、蹲踞式跳远、弯道跑、加速跑、途中跑、冲刺跑。

课程实施

　　课程资源：自编教材。场地：环形跑道和体育器材。时间：每周一节，时长 60 分钟。课时：每学期 15 课时，每学年共 30 课时。本课程的具体实施方法如下：

（一）讲解示范

　　让学生先练习身体素质，再学习基本技术动作。如在讲授跑的技术动作时，教师应先讲解跑的摆臂动作，让学生把摆臂动作做好了后，再让学生在跑的过程中加上摆臂的动作。

（二）分层教学

　　教师应结合学生的实际情况，考虑本科目的基础性，适当地降低教学难度。根据每个学生的特点选适合他们自己的项目进行专项训练，在这个训练中，教师应先讲解专项的特点和动作技术，再让学生体验动作技术，在学习这个动作技术的过程中，教师可以使用视频、技术动作分解训练等方法来提高学生的运动水平。

（三）对比教学

　　教师在教某一个技术动作时，可以使学生之间进行动作比对，看看谁的动作做得好,好在哪里。

（四）竞赛教学

通过队内比赛以及和其他学校进行比赛来激发学生兴趣和提高学生的运动成绩。

 课程评价

本课程将从过程性评价和运动成绩评价两个方面进行评价。

（一）过程性评价从学生出勤情况,每次课间考核、登记,活动过程参与训练中学生主动性、积极性以及精神面貌几方面评出优秀、良好、及格、不及格。其中学生出席缺一次扣 5 分,扣完为止。

过程性评价表

优秀	积极主动参与,精神面貌较好,能按教练要求高标准完成。缺席 2 次以内。
良好	参与性一般,精神面貌好,能很好地完成教练布置的任务。缺席 3 次以内。
及格	基本能完成老师的任务,精神面貌一般。缺席 5 次以内。
不及格	不能完成老师布置的任务。缺席 8 次以上。

（二）结果评价根据江北区中小学生运动会赛会达标标准和江北区体育课标准,制定出《田径健将》运动成绩考核标准,从 60 米成绩、专项 1 和专项 2 三个方面进行评价。

运动成绩评价表

班级	姓名	性别	考核项目			综合成绩
			60 米	专项 1	专项 2	

运动成绩考核标准

分数	60米（秒）		400米（秒）		跳高（米）		跳远（米）	
	男子	女子	男子	女子	男子	女子	男子	女子
100	8.7	9.0	1.10	1.15	1.30	1.25	4.20	4.00
90	8.9	9.2	1.13	1.19	1.25	1.20	4.00	3.70
80	9.1	9.4	1.17	1.22	1.20	1.15	3.80	3.50
70	9.3	9.5	1.20	1.25	1.15	1.10	3.60	3.30
60	9.4	9.8	1.25	1.28	1.10	1.05	3.20	3.00
50	9.7	10.0	1.30	1.35	1.05	1.00	3.00	2.90

（课程开发者：张成斌）

"棋"乐无穷

适用年级：三、四年级（选修）

 课程背景 ————————————————————————

　　中国象棋是我国几千年历史留下的丰富的文化遗产之一。生活中，会下中国象棋的人很多，包括有一定棋艺基础的学生。《"棋"乐无穷》就是一门学习中国象棋文化历史、棋盘布局、战略战术的课程。通过本课程的学习，可以让学生了解作为中国的传统文化的中国象棋的魅力，从而热爱中国历史与文化，同时锻炼学生的反应能力、思维能力，还可以在对弈中增强学生的自信心，培养学生不怕挫折的精神。

　　《"棋"乐无穷》课程的教育理念是：传承经典文化，培养健康人格。我们拟通过传承中国象棋经典文化，在学习中国象棋的过程中培养学生永不放弃、正确面对成功或失败的精神，提高其抗挫折能力，从而培养学生的健康人格。

 课程目标 ————————————————————————

　　1. 了解中国象棋的历史和发展史，知道中国象棋的基本布局。

　　2. 初步学会中国象棋的基本走法，知道中国象棋的一些基本残局。

　　3. 在讲解示范中，欣赏好的棋局，在对抗中，感悟下棋的快乐，初步掌握中国象棋的战略战术，养成积极健康的心态。

 **课程内容**

初步学会中国象棋的基本走法,初步学习中国象棋的一些基本残局。

（一）象棋基础知识教学

象棋理论知识教学(棋盘、棋子、棋规、摆棋)。

走子和吃子(将帅、士、相象、马、单马杀棋)。

走子和吃子(车、炮、兵卒;单车、单兵、双兵杀棋)。

（二）开局知识教学

中炮、五七炮、五八炮、士角炮、过宫炮、巡河炮、直横车、仙人指路、边马、马盘河。

（三）基本杀法教学

对面笑、马后炮、闷宫、天地炮、重炮、二鬼拍门、卧槽马、挂角马、列马车、双马饮泉、铁门拴、大刀剜心、海底捞月、弃车挂玉、三车闹士。

（四）杀残局教学

一步杀残局教学;二步杀残局教学;三步杀残局教学。

 课程实施

课时安排为每周 1 课时,每课时 60 分钟,共需 26 课时,以一学年为一个教学周期,每周期 13 课时。教具学具为讲课的《中国象棋》磁铁大讲盘、学生练习的小象棋 15 副。课程资源为自编的讲义的教材、互联网。适用对象为对中国象棋有一定基础,对其有兴趣的三、四年级学生。开设时间为学校课外活动时间,于每周四下午3:30—4:30进行辅导。

（一）积分激励

兴趣是最好的老师，孩子的天性又是好胜的。通过每堂课跟班内其他同学对弈的方式提高棋技，每胜一局积 2 分，平局积 1 分，败局不得分。在积分提高的同时，学生的兴趣和自信心也得以提高。

（二）家校联动

下象棋是一项两人运动，在学校有同学和老师对弈，在家可以与家长下棋，通过家长参与，把课堂内容向课外延伸，既能使孩子有所提高，又能让家长及时了解孩子学习掌握的程度，对孩子进行有效辅导。

（三）多媒体辅助教学

教师通过多媒体开展教学，直观、生动，利于学生掌握技能。同时，在互联网环境下，象棋被研发成一种普及的游戏活动，学生可以在网上练习，参加赛事活动，有针对性地选择持久战对手，在真正的赛事训练中，逐渐提高棋艺水平。

 课程评价

本课程评价坚持过程性评价和参与性评价相结合的原则，采用学生自评和教师评价相结合的方式，对学生的象棋技术水平，下象棋的能力，破解残局的能力和练习过程中的积分、考勤进行综合评价，见下表：

《"棋"乐无穷》课程学习评价表

评价项目	评 价 标 准			评价结果	
	优秀 （5 颗星）	良好 （4 颗星）	合格 （3 颗星）	自评	师评
《中国象棋》技术水平	熟练掌握《中国象棋》技术，并且能够在练习过程中合理	比较熟练地掌握《中国象棋》技术，在练习过程中能够运用	基本掌握《中国象棋》技术，下棋基本连贯；速度在 50 秒		

续　表

评价项目	评价标准			评价结果	
	优秀 （5 颗星）	良好 （4 颗星）	合格 （3 颗星）	自评	师评
	运用技术；速度控制在 30 秒以内走一步。合理的开局，中局和残局的应对。	技术；速度控制在 40 秒以内走一步。合理的开局，中局和残局的应对。	一步以内。合理的开局，中局和残局的应对。		
《中国象棋》残局破解能力	能够正确应对残局变化，很好地完胜对手，有很好的应对残局的能力。精神饱满，斗志昂扬，敢于拼搏。	能够正确应对残局变化，较好地完胜对手，有比较好的应对残局的能力。精神饱满，敢于拼搏。	能够正确应对残局变化，完胜对手，有好的应对残局的能力。精神饱满，敢于拼搏。		
《中国象棋》积分	在练习过程中胜负积分在 15 分以上的排名。	在练习过程中胜负积分在 10 分以上的排名。	在练习过程中胜负积分在 5 分以上的排名。		

（课程开发者：张永祥）

多彩体育节

适用年级： 一至六年级（必修）

 课程背景

　　体育竞技在当今社会十分普及,体育比赛担负着发现和培养体育人才的任务。体育节是学校教育的重要部分,在节日中通过体育比赛为学校发现体育苗子,促进体育锻炼。体育节还能使学生在竞赛中增加社交能力,联络同学间感情,让学生养成良好的社会公德。体育节成为学校体育必备课程之一。

　　《多彩体育节》课程作为学校校本"弘美健体"课程之一,通过体育节,丰富校园文化生活,活跃学习气氛,为体育特长生和爱好者搭建展示才华的舞台,引领学生特长发展,继续推动"阳光体育运动"在全校的广泛深入开展。通过一系列丰富多彩的体育项目,最大限度地满足同学们体育锻炼的需求,让尽量多的学生参与其中,从中受益。在提高学生身体素质的同时,让学生接受艺术美的熏陶,身心得到全面发展。

　　本课程的理念是"运动、健康、快乐、成长"。体育节以集体参与趣味运动比赛形式,让学生体验体育运动给他们带来的快乐,培养学生"终生体育"的意识,促进学生身心健康,为成长打下坚实的基础。

 课程目标

　　1. 通过体育节,了解并掌握常见的群众体育活动的技巧和方法。

2. 通过趣味体育活动，调动学生参与体育锻炼的积极性，养成终身锻炼的好习惯。

3. 通过趣味体育竞赛，树立集体主义意识和合作意识。

 课程内容

本课程以全员参与、展示班级风貌和集体趣味运动为主要特色，共分为以下三个板块：

（一）球类比赛。是以班级为单位的篮球比赛、足球比赛、乒乓球比赛、羽毛球比赛。

（二）入场式表演。以队列和班级特色为主要内容。

（三）趣味竞技体育比赛。根据地域特色和民族特色选择喜闻乐见且具有趣味性的特色的项目为比赛内容。

 课程实施

根据当年课程主题选择趣味性比赛项目和群众性项目，适用对象为一至六年级，每学期一次，三、四月份进行分散型项目比赛，在第 10 周进行 3 天集中比赛。

（一）分散比赛课程安排

1. 五人制足球比赛（三至六年级）

采用五人制（3 男 2 女）进行比赛，比赛分为上下半场，每半场为 10 分钟，如果在比赛时间结束后，比分相等，则进行点球比赛。

2. 三人篮球赛（五、六年级）

比赛分为上下半场，每半场为 10 分钟，如果在比赛时间结束后，比分相等，则进行发球比赛。

3. 乒乓球比赛

每班选 4 名同学进行比赛，采用一局定输赢淘汰制，进行年级内排名。

4. 羽毛球比赛

每班选 4 名同学进行比赛，采用一局定输赢淘汰制，进行年级内排名。

（二）集中比赛课程安排

1.《抬花轿》背夹球（一至四年级）

每队男女各 10 人共 20 人，学生分男、女位于 30 米线的两端，2 人一组，采用迎面接力的形式进行比赛。手及手臂都不能触及球。犯规一次时间加 2 秒。

2. 30 米迎面接力比赛（一至六年级）

每班男、女各 15 人。学生分男、女列于 30 米的两端，采用迎面接力的形式进行比赛，接力棒必须由手与手交接，选手不得抛、掷接力棒，掉棒后必须捡起交与下一人，否则判犯规，犯规一次加时 5 秒。

3. 短绳比赛（一至六年级）

（1）单摇：全班每人都跳绳 1 分钟（病残除外），以全部学生跳绳平均个数多少排列名次。

（2）交叉、双摇：每班男、女各选 2 人参赛，双人合作（1 人摇绳）选 2 队参赛。

4. 趣味接力赛"赶猪"（一至六年级）

每班男、女各 10 人，以迎面接力的形式站好，比赛开始时，双手握着体操棒的一端（不超过棒长的一半），将球向前赶，人和球均绕过每个标志桶一周（一、二年级设 1 个障碍；三、四年级设 2 个障碍；五、六年级设 3 个障碍）方可继续前进，中途不能用手或脚触碰球，人和球中途不得分离，直至将球赶至对面终点线，将棒和球交给下一队员，到达终点后等待接力的队员可用脚将球停在起点线上，未按要求绕过标志桶或手脚触碰球者每次用时加罚 5 秒，最后按用时多少排列名次。

5. "8"字长绳（一至六年级）

一至三年级男、女各 5 人，可由老师摇绳。四至六年级男、女各 6 人，摇绳的人必须是 1 名男同学 1 名女同学,另 5 男 5 女跳绳,四至六年级没有跳过的同学必须退回去重跳,以 3 分钟内跳的个数多者为胜。

6. "袋鼠跳"(一至六年级)

每队男女各 10 人共 20 人,分男、女 2 个小队,相向各排成一纵队。比赛开始前,女队的第一名队员将布袋套至腰部,听裁判员发令后向男队前进,中途布袋不得脱离双腿,至男队时脱去布袋,由男队队员套上布袋向女队前进,如上述循环直至最后一名队员。比赛过程中,学生如有摔倒可以自行爬起,但布袋必须始终套在腿上,布袋如有滑落必须重新套上后方可继续比赛。从开始脱下布袋交接,至下一名队员的布袋完全套好前,整个交接过程必须在跑道端线以外进行,不能越线。所有队的比赛结束后,以用时较短的为先的次序排列名次。

7. 板鞋(一至六年级)

每队男女各 10 人共 20 人,学生分男、女列于 30 米跑道的两端,2 人一组,采用迎面接力的形式进行比赛。

8. 队列比赛

以班级为单位,年级内进行比赛,每班选 1 名同学进行指挥,其他同学做,完成规定的动作,评委进行评分。

9. 广播操比赛

以班级为单位,年级内进行比赛,每班选 1 名同学进行领操,评委进行评分。

 课程评价 ————————————————————

本课程评价分为名次评价和记分评价。

(一) 名次评价

集体项目按年级班数依次录取,个人项目设立单项奖,按成绩录取前 6 名。

（二）记分评价

个人单项比赛按 7、5、4、3、2、1 分数计分，不足 6 人，按参赛人数递减一名录取。团体比赛按照年级班数双倍计分。单项得分与集体项目得分之和为团体总分，各年级团体总分按 50% 录取，获得团体总分第一名为一等奖；第二名为二等奖；第三、四名为三等奖。

（课程开发者：张成斌）

绿茵乐园

适用年级： 四、五年级（选修）

 课程背景

  足球起源于 2300 年前的中国山东淄博临淄，古代把它叫"蹴鞠"。现代足球起源于英国，它主要是以脚控制球为主，两个队在同一场地进行进攻和防守比赛的体育运动项目。

  足球运动对于培养良好的身体素质，提高学生的健康水平都有重要的作用。足球运动不仅具有极高的竞技、健身、娱乐和欣赏价值，还能使学生在奔跑、身体对抗的过程中，发展耐力、速度、灵敏、力量、协调等身体素质；在复杂多变的赛场上，提高学生的注意力、观察力和思维能力；在激烈的对抗环境里，培养学生的意志力、自制力和担当能力；在相互配合中，培养学生勇敢顽强、克服困难、团结互助的精神。

  《绿茵乐园》课程的核心理念为：快乐足球，健康成长。课程针对四、五年级学生，主要选取基础、简单的足球动作。通过教师讲解示范，使学生了解足球的基本知识、掌握基本技能；在反复体会、训练中促进学生身体的协调发展，培养他们的竞争意识、顽强拼搏精神和集体主义精神，使其感受到足球的魅力，收获成功和快乐的体验。

 课程目标

1. 培养学生对足球运动的兴趣，了解足球的基本知识；在分组练习中掌握足球的穿插、带球、停球、控球等基本方法。

2. 在分组对抗练习中学会简单的战术配合，提高足球技术水平。

3. 锤炼学生意志品质、进取精神，促进学生身心协调发展。

 课程内容

《绿茵乐园》课程内容设计的基本思路是：根据足球训练的特征，针对性地、循序渐进地设计该课程的四个板块学习内容。

板块一：了解足球历史和文化。

板块二：学习足球基本技能。

板块三：学习战术配合。

板块四：实战，学习对抗技巧。

 课程实施

本课程通过自编的讲义、教学视频等多种渠道获取教学资源，以学校足球场为教学场所。主要针对具有一定足球基础的四、五年级学生。以一学年为一个教学周期，上期13课时，下期13课时，共26课时，每周1课时，每课时60分钟。在课程正式实施前，教师应准备好足球、标志桶、标准盘、绳梯、分队背心、秒表等教学用具。

（一）教师示范

动作要领的讲解示范是体育项目学习中的基本动作示范。教师应结合学生的实际情况，考虑本科目的基础性，适当地降低教学难度，并在教学中先讲解专项训练的特点和动作技术，可以使用视频、技术动作分解训练等方法来提高学生的运动水平。对精要的动作要领进行讲解分析、示范。如在讲授有带球的技术动作时，教师应先讲解触球的部位，让学生把部位持准后，再让学生在带球的过程中加上护球的动作。

（二）自我训练

在教师示范引领的基础上，教师根据每个学生的特点，安排选择适合他的动作训练策略和动作训练体系进行练习。

（三）合作学习

开展竞技比赛。在过程中激发学生的学、练热情、互帮互助精神，使其学会鼓励和欣赏同伴，在学习中获得成功的喜悦。

 课程评价

（一）对学生的评价依照评价表中的标准，分别从出勤、活动参与、运动成绩三方面进行分块测评。

（二）学生综合评价按出勤 20％，活动参与 20％，运动成绩 60％的比例计入综合得分。将三个板块中的等级按优秀计 95 分，良好计 84 分，合格计 74 分，不合格计 54 分，折算出综合得分。

（三）综合评定等级根据综合得分，91—100 分为优秀，80—90 分为良好，60—79 分为合格，59 分以下为不合格。

《绿茵乐园》课程学习评价表

评价项目	评价标准			评价结果			总评
	优秀	良好	合格	自评	互评	师评	
出勤	全勤。	缺勤 3—5 次（缺勤 1 次扣 5 分）。	缺勤 6 次及以上（缺勤 1 次扣 5 分）。				
活动参与	积极参与示范。	积极练习。	能在教师的指导下参与练习。				

评价项目		评价标准			评价结果			总评
		优秀	良好	合格	自评	互评	师评	
运动成绩	足球技术水平	熟练掌握控球、护球、带球、射门等足球技术，并且能够在比赛过程中合理运用所学技术；颠球一次50个以上。	比较熟练地掌握控球、护球、带球、射门等足球技术，在比赛过程中能够运用所学技术；颠球一次30—50个。	基本掌握控球、护球、带球、射门等足球技术，带球动作基本连贯；颠球一次20—30个。				
	熟悉球性	能够正确了解足球基本知识，掌握足球基本技术动作，教学比赛时能很好地运用所学知识。	能很好地掌握控球、护球、运球、射门等基本技术动作。	基本掌握足球球性的基本技术动作。				
	射门练习	带球射门10个进7个以上，定点射门10个全进。	带球射门10个进5个以上，定点射门10个进7个以上。	带球射门10个进3个以上，定点射门10个进5个以上。				
	教学比赛	能很好地了解所学知识并能熟悉地运用所学习的技术动作。	能够熟悉掌握本学期所学技术动作。	能很好地掌握所学技术动作。				
总分								

（课程开发者：唐代伟）

小飞鱼馆

适用年级：三至四年级（选修）

 课程背景 ─────────────────────────

　　游泳运动历史源远流长，健身效果好，适合不同年龄的人群参与，被称为 21 世纪最佳体育运动项目。小学阶段开展游泳教学，让学生掌握一定的游泳技能，不仅可以防止溺水事故的发生，还可以促进学生身体素质的进一步提高，更能促进区域甚至国家层面游泳事业的蓬勃发展。

　　我校是重庆市体育传统项目学校、江北区游泳课余训练重点校、江北区体育后备人才培训基地，有着鲜明的体育办学特色。早在 2001 年学校就修建了室外游泳池，并投入课余训练，游泳教学基础好。2014 年底学校在完成了游泳池的恒温改造工程的同时，加强并完善了教练团队建设，为学生开设游泳课，提供了硬件和软件上的保障。2015 年 2 月起，学校开设了《小飞鱼馆》游泳课程，拟让学生通过游泳课程的学习，提高运动能力、身体素质和个性品质。

　　《小飞鱼馆》课程秉承"练飞鱼本领，为生命护航"的课程理念。"练飞鱼本领"是在课程中，让学生在游泳运动中提高身体素质，强健体魄，建设好灵魂的居所；"为生命护航"是通过课程学习掌握游泳技能，既能自我保护，又能在关键时刻救人救己，真正为生命护航。

课程目标

1. 学生对游泳运动产生浓厚的兴趣。

2. 掌握蛙泳、自由泳、蝶泳、仰泳等"四式"打腿技术；初步掌握"四式"游泳配合游动作技能。

3. 通过游泳课程的开展，学生在力量、速度、灵敏、耐力等综合身体素质方面有明显提高；学生心肺功能、有氧耐力素质得到明显改善；运动水平和成绩得到提升。

4. 通过训练和比赛，养成敢于拼搏、勇于进取、顽强果断、奋发向上的精神。

 课程内容

本课程围绕理论概述、实践训练两部分进行教学。

（一）理论概述

1. 游泳运动简述：游泳运动的生理特点；游泳对身体锻炼的价值；游泳运动未来的发展趋势。

2. 游泳项目四种姿势：仰泳、爬泳、蛙泳、蝶泳基本技术原理浅析。

3. 游泳运动竞赛规则。

4. 游泳卫生常识与基本自救技能。

（二）实践训练

1. 初级班（丙组）学习内容

（1）水中蹬边漂行，扶池边换气，各式漂浮。

（2）持板爬泳打水和侧向换气练习。

（3）徒手身体正、侧向打水练习。

（4）持板 400 米自由泳腿测试。

2. 中级班(乙组)学习内容

（1）徒手伸臂打水练习。

（2）扶板或徒手自由泳分解练习。

（3）单臂和双臂过渡分解练习。

（4）各种距离游；在扶板分解配合熟练基础上，过渡到无支撑分解。

（5）50—400 米的自由泳各种间歇游。

（6）蛙泳、仰泳、蝶泳基本功分解过渡配合练习。

3. 高级班(甲组)学习内容

（1）"四式"分解技术练习。

（2）50—400 米自由泳。

（3）自由泳组合练习。

（4）长距离游。

（5）"四式"动作配合游。

 课程实施

本课程适用于三至四年级具有游泳特长的学生，参与人数 45 人，分为三个组别，每组 15 人。以国家体育总局颁布的《青少年游泳训练大纲》为教学纲要，以北京体育大学出版的《游泳运动教程》为教材。本课程须配备三名有游泳教练员证和游泳救生员证的老师开展教学。课时安排以每学年为一个教学周期，每周 6 课时，每课时 80 分钟，共需 240 课时。根据课程实际情况，本课程管理工作落实到人，首重安全教育，让学生在确保安全的情况下进行学习与训练。

在本课程实施过程中，采用"统、分、合"的教学组织形式进行教学。

1. 课程内容与活动形式统一筹划。"统"即统一训练时间，训练地点，三个组别的课程内容有衔接性，呈现递进关系，统一评价方式和标准。每一个周期针对学生的运动水平进行一次组别的统一重组调整。

2. 教学与管理工作分组实施。"分"是将学生按照游泳水平高低划分为甲、乙、丙三个组别。丙组为初级班，内容为爬泳基础入门练习；乙组为中级班，内容为爬泳提高练习；甲组为高级班，内容为蝶泳、仰泳、蛙泳、自由泳"四式"基础练习。三名教练分别负责丙、乙、甲组三组别的教学与管理工作。教学中以理论课为辅，实践课为主。每个教练根据各组别课程练习的内容和要求，制定课程实施计划，负责该组行课质量，对该组学生进行阶段评价。

3. 比赛期间课程整合实施。"合"为课程由一名总教练总负责，具体工作责任落实到分管教练。重大比赛前游泳队教练之间分工合作，首先保证参赛队员训练的时间和强度，力争取得最优成绩。同时梯队训练工作不得受影响，保证正常训练时间和质量。

 **课程评价**

队员的评价，既关注运动技能成绩，又重视学生的训练过程、态度、实践能力培养。学生的最终成绩以综合等级评定，分别从"出勤情况、参与态度、游泳成绩"三个方面进行评价。等级分为优秀、良好、合格三级。91 分及以上为优秀，72—90 分为良好，71—60 分为合格。

《小飞鱼馆》课程学习评价表（男女相同）

评价内容	要　　求	分值	评　价			
			自评（20％）	互评（30％）	师评（50％）	综合评价
出勤情况20％	按时出勤，全勤为 20 分，缺勤一次扣 0.5 分。	20				

续　表

评价内容	要　　求	分值	评价			
			自评 (20%)	互评 (30%)	师评 (50%)	综合 评价
参与态度 40%	遵守纪律为 20 分,违反要求一次 扣 0.5 分。	20				
	主动参与、练习认真。	20				
游泳成绩 40%	按学生游泳成绩评价标准计分(见 后)。	40				

学生游泳成绩评价标准(男女相同)

测试项目	评 价 标 准			备注
	优秀	良好	合格	
400 米自由泳扶板打 腿(丙组)	8 分钟内完成 (40 分)	9 分钟内完成 (30 分)	10 分钟内完成 (20 分)	按泳姿规定 完成,不得 有犯规动作
400 米自由泳(乙组)	5 分 30 秒内完 成(40 分)	6 分钟内完成 (30 分)	6 分 30 秒内完 成(20 分)	
200 米混合泳(甲组)	2 分 40 秒内完 成(40 分)	2 分 50 秒内完 成(30 分)	3 分钟内完成 (20 分)	

(课程开发者:曹永、侯兴怀)

第六章　展美艺趣：发现生活的诗意

　　一幅传神的画可以让你看到精湛的技法，更让你领略到文化的悠久灿烂和大自然的磅礴隽秀；一首美妙的歌会扣动你的心弦，触动你埋藏最深的神经，使你不由自主地感慨万千；一段美轮美奂的舞步，让你感受到不同民族的风格和不同时代的气息；一尊蕴含着生命与动力的美好雕塑，使你迸发出一种强烈的内在冲动，引发你无限的遐想和思考……有了艺术，人间才处处有美。艺术融合于生活，生活才变得多姿多彩！

　　从远古图腾的龙飞凤舞，到青铜器皿的野蛮狞厉，从纯真如画的甲骨文到飘逸绝伦的草行真，从原始巫术礼仪的唱咒跳神到盛唐歌舞的繁荣兴盛，从精妙绝伦的雕梁画栋到园林艺术……自从有了人类，就有艺术的存在。艺术，是上天赐予人类的伟大的礼物。

　　蔡元培先生指出："人人都有感情，而并非都有伟大而高尚的行为，这由于感情推动力的薄弱。要转弱而为强，转薄而为厚，有待于陶养。陶养的工具，为美的对象；陶养的作用，叫做美育。"社会的发展，文明程度的提高，需要美育的推动。美育，有助于一个人身心愉悦、品行高尚，人生更有品味；美育，有助于学校底蕴深厚、和谐发展，教育更有品质；美育，有助于陶铸和凝聚全民族的民族精神。

　　展美艺趣，即施展艺术才华，激发艺术兴趣。"展美艺趣"课程是学校"新美课程"体系下的美育课程之一，其目的是通过音乐、舞蹈或绘画来实现孩子们的思想、情感和审美趣味的提升，丰富孩子们的物质和精神世界。通过各种展现艺术美的教育活动，为学生在音乐、舞蹈、美术等方面提供才艺学习和展示的平台，培养在艺术方面的兴趣和爱好，激发学生无限的创造潜能，促进学生健康发展。"展美艺趣"课程，助力学生于生命之旅中走得更充实，更美好。

"展美艺趣"课程包括表演艺术、造型艺术和综合艺术三个方面共 15 个特色子课程。表演类艺术课程包括：C 大调童声合唱团、小合唱、民乐新蕾（民乐团）、梦想管乐团、丝竹音韵（葫芦丝）、口风琴、小白鸽舞艺、舞动心飞、活力宝贝（健美操）；造型类艺术课程包括：儿童创意美术、妙手生画（手工）、彩墨彩韵、墨香书韵（软笔书法）、小小书法家（硬笔书法）；综合类艺术课程：艺术嘉年华。

学生在"展美艺趣"课程中陶冶情操，他们的艺术经验不断得到丰富和升华，获得感受美、创造美、鉴赏美的能力和健康的审美情趣。学生在"展美艺趣"课程中得到多角度、多方面、多渠道的情感体验，他们有机会选择自己喜爱的方式进行自我表达和交流，从而使自身情感更加丰富，人格得以更健全，心灵得以净化。

人生路漫漫，唯有艺术永恒。艺术是生命中不可或缺的伴侣。我们有责任引领孩子们走进艺术世界，让他们的生活从单一走向丰富，从浅薄走向深刻，从浮躁走向平和。我们坚信，每个学生都是一朵花，都具有独特的色彩和姿态，每个学生都具有艺术特质和潜能。学生在各类艺术学习活动过程中，逐步体会和感知各类艺术，形成基本的艺术素养，激发无限的创造能力。

展美艺趣，开启人生美的旅程！

（吕晓丽）

墨香书韵

适用年级：三至五年级

 课程背景

　　汉字经历了几千年的演变，从甲骨文到篆、隶、楷、行等书写形体不断改变，或古朴厚重，或遒美健秀……逐步升华为独具魅力的书法艺术。书法艺术所特有的书写实用性，将汉字的表意功能和造型艺术融为一体，在与整个中华文化一起延续发展的过程中，凝聚着中华民族的哲学、美学、文化思想追求。教育部《中小学书法教育指导纲要》中指出，汉字和以汉字为载体的中国书法是中华民族的文化瑰宝，是人类文明的宝贵财富。书法教育对培养学生的书写能力、审美能力和文化品质具有重要作用。

　　《墨香书韵》课程的开设，旨在让学生通过学习书法的渊源、字体的演变，感受悠久灿烂的中华文化，增强学生民族自豪感、文化自信心。该课程的学习，有利于增进学生对中华汉字文化的理解，有利于提高学生的汉字书写技能和对汉字的审美能力，唤起学生对中国语言文字的热爱。书法的练习又是磨炼心性的过程，讲究知难而进，是学生逐步形成沉着、认真、稳健的个性和勤勉、积极上进的人格特点的过程，对促进学生形成良好个性品格，具有重要深远的意义。

　　《墨香书韵》课程秉承"以书展美，书以明志"的理念。学生通过本课程的学习，走进书法世界，在练习书写中增强形象思维能力；在作品创作中提高艺术感知能力；在欣赏中感悟经典书法作品魅力，与古人对话养浩然正气，滋养心灵，启迪智慧，明了志向。

课程目标

1. 欣赏历代书法经典碑帖，了解汉字字体的演变过程，初步感受不同字体的不同书风。

2. 掌握正确的书写姿势和毛笔执笔要领。了解楷书笔画、偏旁、结构特点，初步掌握楷书的毛笔书写方法。

3. 欣赏书法作品，了解书法作品章法，体验条幅、对联等书法作品的创作形式。

 课程内容

本课程以"走进中华传统文化、感受汉字书写之美"为主题，内容分为三个模块：

（一）走进书法世界，认识书写工具

主要内容包含汉字的起源，了解各类字体，认识书写工具，掌握正确的书写姿势与毛笔执笔方法。

（二）笔法、墨法技能训练，学习汉字结体规律

主要内容为楷书基本笔画练习，字形结构练习。在书写中体会毛笔书法的提、按、转、折、收等笔法，感受基本笔画的千变万化及楷书字体结体的疏密、虚实、欹侧、匀称、和谐、聚散、呼应，用墨书写时汉字的墨色变化等艺术规律。

（三）了解书法作品章法布局，创作体验

主要内容为欣赏优秀书法作品，感悟书法章法布局和谐而富于变化的书法艺术创作特点。学生创作、体验及书写对联、古诗书法作品。

课程实施

本课程共需 26 课时，每周 1 课时，每课时 60 分钟，以一学年为一个教学周期。在书法俱乐部教室上课，参与学生人数 15 人左右为宜。教师准备自编的讲义、自编书法教材等教学资料。

（一）书写姿势训练

教师示范正确书写姿势，学生实践并掌握书写坐姿、站姿及执笔运笔姿势要领。学生养成良好规范的书写姿势和执笔姿势。

（二）品读书法经典作品碑帖，提高鉴赏能力

读帖，是学习书法的重要方法。在品读名家碑帖过程中，教师点拨，学生反复观看揣摩字体笔画、结构，悟其行笔过程，看汉字结字特点悟其组合规律，感受气韵。做到观之入眼，铭记于心。

（三）临摹结合，循序渐进

临书得其笔意，摹书得其间架。临帖采用对临、格临、背临三种方法。摹帖学字体结构位置，笔随影走。根据学生年龄特点，临帖时字数不宜过多，避免练习枯燥，采用直观演示、学生作品"我来分析"、交流互评等学习活动，激发学生兴趣，总结书写经验，感受书写乐趣。

（四）学习创作

体会书法条幅和对联的章法布局，随着临帖的深入，初步掌握字帖的艺术特点，完成一幅至两幅书法作品，进行创作体验。

课程评价

本课程教师从毛笔书法书写姿势、书写用笔、字体结构、墨法、章法布局五方面对

学生进行学期总结性评价,评价等级分为优秀、良好、合格。

《墨香书韵》课程学习评价表

学生姓名:　　　　班级:　　　　　　　　　　　　　　年　　月　　日

评价项目	评价标准	评价结果			
		优秀(5颗星)	良好(4颗星)	合格(3颗星)	综合评价
书写姿势	写字姿势、握笔姿势标准。				
笔法	下笔、行笔、收笔准确。中锋书写,笔力圆浑有力。				
墨法	墨不浮,能入纸。初步具有深浅浓淡,枯润干湿变化。				
字体结构	结构重心平稳,结体舒展。				
章法布局	结字、行气、全篇布白、落款钤印协调美观。				

(课程开发者:杨斯涵)

小小书法家

适用年级：一年级（选修）

 课程背景

　　书法艺术是中华民族的珍宝。新课程标准要求，一、二年级学生需要掌握汉字的基本笔画和常用的偏旁部首，能按笔顺规则用硬笔写字，注意间架结构，初步感受汉字的形体美，努力养成良好的写字习惯，写字姿势正确，书写规范、端正、整洁。然而当前计算机汉字输入技术的迅速发展，严重地冲击着写字（书法）这一传统的艺术，致使许多教师、家庭、学生忽视了汉字的书写能力培养，降低了对书写美的要求与追求。学生中姿势不规范、作业不美观、不会欣赏写字（书法）作品、学习不耐心细致、近视的人增多。部分学生对本民族传统文化艺术的代表——书法艺术，缺乏继承弘扬的责任意识。因此，在低年级开设的《小小书法家》硬笔书法课，不仅可以训练学生书写上的正确化、规范化、匀称化，还具有独特的艺术性和多元的育人功能，是学校素质教育不可分割的重要内容。

　　本课程的理念是"练一笔好字，传一代文明"。让铅笔硬笔书法走进课堂，走进学生心中，通过老师对名帖欣赏和书法技能的指导，使学生逐步感受汉字的形体美，提升其审美观，使其懂得欣赏美、思考如何更美，激发他们追求、创造美的欲望。

 课程目标

　　1. 欣赏硬笔书法作品，了解书法艺术，感受硬笔书法的魅力，陶冶性情，增强民族文化自信。

2. 掌握正确书写姿势、执笔要领和运笔方法，在运笔间感受书法的力量美、速度美，逐渐养成提笔就练字的好习惯。

3. 运用仿影、描红、临帖的基本方法，掌握汉字的基本笔画、偏旁部首和笔顺规则，尝试创作硬笔书法作品。

 课程内容

本课程根据一年级学生的年龄特点和书法练习的循序渐进规律，内容分为以下几个部分：

（一）欣赏书法作品

通过欣赏著名的书法作品，让学生感受硬笔书法规范严谨、刚劲有力、灵动流畅的独特魅力，感受字里乾坤的博大精深。

（二）掌握执笔要领和正确的运笔方法

训练学生正确的坐姿和执笔的姿势，保证学生身体骨骼和视力的健康发育，采用书空的练习方式减少学生的小肌肉负担，并同时达到反复练习的作用。

（三）运用笔顺规则书写，了解笔画的不同形态，掌握偏旁部首的特征

通过练习，掌握书写的笔顺规则，达到正确书写和提高书写速度的作用。学习书写规则，并能举一反三，进而巩固形成技能。

（四）初步体验创作书法作品

在前面学习的基础上，体验创作书法作品，提高和培养自己的情操，善于观察生活，善于从生活中提炼属于美的现象，并把它融进自己的书法艺术中去。

课程实施

本课程实施之前准备书法作品鉴赏资料。课程用时 26 课时，每周 1 课时，每课时 60 分钟，以一学年为一个教学周期。本课程在学生教室授课，要求有多媒体设备，主要针对一年级学生，每班 30 人为宜。本课程共分四个部分：

（一）作品鉴赏

通过了解硬笔书法作品写法、步骤和作品背后的故事及欣赏名家作品，来了解书法作品的技法和神韵，加深对硬笔书法的印象，体验硬笔书法作品中硬笔线条的美学。

（二）示范法

教师示范使学生在观察中掌握书写的笔顺规则，在学习基本笔画的同时，注意笔画在汉字中的长短、轻重、正斜、俯仰、收放等变化。教师让学生发现领悟规律后，将其迁移运用到其他字中，进而巩固形成技能。

（三）描红、对临

描红是练字之初最简单有效的手法；摹影是描红的提高和进一步发展，旨在培养习字者的意识，强化对范字的准确印象，即了解笔画的粗细变化、用笔的轻重不同、结构的规律等。对照范字来书写，对自身观察力、用笔技巧、结构运用集中训练，达到巩固练习的目的。

（四）作品展示

学生展示出自己的作品，并加以解读，教师再与学生一起欣赏、交流与评价。

 课程评价

本课程主要采用参与性评价和展示性评价相结合的方式对学生进行评价，着眼于学生学习书法的主动性的激发、书写习惯的培养、书写水平的提升、审美情趣的提高、书法作品的创作等方面。评价重点是基本笔画、运笔痕迹、书写规律；关注握笔、书写态度和良好书写习惯的养成。

（一）参与性评价

课堂纪律评价：课堂考勤和纪律记录。

过程性评价：关注学生学习能力、学习态度、参与活动的兴趣以及书写情况。

（二）展示性评价

对学生的书法学习进行全面正确的评价。平时的书法习作可通过圈点、批注、示范以及作业分析进行评价，选用奖励、自我反思以及建立个人成长积分等方法对创作的书法作品进行综合评价，以检测学生的技能水平。

《小小书法家》课程学习评价表

学生姓名： 　　班级： 　　　　　　　　　　　年 　月 　日

评价项目	评价标准	评 价 结 果			
		优秀 （5 颗星）	良好 （4 颗星）	合格 （3 颗星）	综合评价
书写姿势	写字姿势、握笔姿势标准。				
笔法	下笔、行笔、收笔准确。中锋书写，笔力圆浑有力。				
字体结构	结构重心平稳，结体舒展。				
章法布局	结字、行气、协调美观。				

（课程开发者：李娜）

彩墨彩韵

适用年级：四、五年级（必修）

 课程背景

　　彩墨画是指以墨线或墨块为基底，在其上敷色、点彩，或者是让墨破色、色破墨，使画面有更为丰富、明艳、鲜活的色彩和韵味，所形成的一类中国画。中国特色的矿物颜料打造的绚烂、沉稳的颜色，使中国画具有独特的神韵，便取名为彩韵。当然，中国画是以墨为基础的，也就是常听到的水墨画，而中国画墨分五色，也有说法称之为"五彩"，这就是《彩墨彩韵》课程名称的来由。教育体制随着国家的发展在不断变革，课程资源结构随着新课程改革发生着变化，小学美术课程教学活动便多了一门新的课程，那就是中国画。我校非常重视学生艺术素养的培养，因此就有了《彩墨彩韵》课程的开发。

　　本课程的实施，让每一位学生都能快乐地享受学习过程，提高审美能力，陶冶审美情操，在充分展现我校"各美其美"校训的同时，使民族传统画种得以发扬。实施国画教学，也有利于整合我校的资源优势，体现我校的办学特色，促进我校的发展。经广泛征求家长意见，该课程得到了家长的支持，学生参与积极性很高。

　　秉持"打开艺术心灵，描绘多彩画卷"的课程理念，本课程主要以激发学生对中国画的兴趣与爱好为出发点，以让艺术走近校园、走近班级、走近每一个学生为目的。通过课程学习，吸引广大学生积极参与到艺术活动中来，努力让每一个学生享受到艺术的快乐。

课程目标

1. 初步了解中国传统绘画的悠久历史和伟大成就，认知中国画的表现形式和艺术特色，培养对中国画的兴趣与爱好，初具一定的审美感受力和鉴赏力。

2. 初步掌握中国传统绘画的基本用笔用墨方法，学会品读、摹写、独立完成国画作品，体验画面的构图、笔墨、用色等表现方式，感悟中国画的魅力。

 课程内容

本课程以"让学生爱上中国画"为主题，在学生们认识笔、墨、纸、砚之后，了解一些基本的用笔方法、墨汁与水的调和比例、水与颜料的调和、水墨和颜色的搭配等知识，增强学生的认知能力。

课程内容按照季节分为四个模块：

（一）淡冶如笑的春

开春时节，乍暖还寒，桃花、梨花已经悄悄来到我们的身边，随后而来的还有惊蛰时节的蔷薇花，清明时节的油菜花，谷雨时的牡丹……这些都可以在中国画中表现，通过彩墨提升学生们的视觉感受，通过彩韵让学生们感受春季的绚丽多彩，提高学生们对自然的观察和感知能力，激发学习兴趣。

（二）苍翠如滴的夏

夏树苍翠，万木葱茏，鸟语蝉鸣，莲叶满池。在立夏、小满、芒种、夏至、小暑、大暑六个节气有不同的植物花卉。夏天植物都偏大，用笔上有很大的空间。竹子的挺拔向上、坚韧不拔，荷花的亭亭玉立、皎洁无暇，爽口的西瓜、鲜美的蜜桃、紫水晶般的葡萄，都可以成为大家的绘画对象。根据不同的物体体块，可以培养学生大胆用笔用墨用色的能力。

（三）明净如妆的秋

金秋时节，秋高气爽，橙黄橘绿。进入深秋，秋菊傲霜怒放。菊花从来以其高洁坚贞、傲霜挺立的品格为历代文人墨客所赞赏，还有那深红的山茶花，金黄的谷物，都是中国画很好的题材。对这些景物进行绘制时，需要注意颜料的水分不要太多，尽量保留较浓郁厚重的颜色。通过学习，可以增强学生们对中国画精神的了解，使其学会区分用色表现不同物体，提高学生对中国画技法的表现力。

（四）寂静如眠的冬

寒冬腊月，银装素裹，寒气袭人。但冬天并不只有寂静凄凉，在皑皑白雪中亦有红梅点点、青松傲然。各类风干的蔬果在寒冬也格外醒目。将这种不惧风雪的精神品质，融入学生们的国画作品中，能让画面表现题材丰富多样。这种品质在画面上展现出来，也将浸润进学生的精神世界。

 课程实施

本课程以一学年为一个教学周期，一共 26 课时。每周四在国画俱乐部教室上 1 个课时，每课时 60 分钟。参与人数不超过 15 人，参与者应对中国画有兴趣和基础。课程教学有自编的讲义、多媒体课件、影像资料、教师范画等多种教学资源。

（一）古画欣赏

教师通过讲解名画作品精彩的技法、漂亮的颜色、传神的物态和名画背后的故事，吸引学生去发现中国画的魅力，并爱上中国画，激发学生学习中国画的兴趣。通过对作品的品读与研究，加深学生对中国画的印象与了解。

（二）教师示范

通过教师示范，特别是加强画面局部的示范，让学生在观察表现作品时，准确把握用笔力度及浓淡层次变化,通过不断练习,熟悉步骤与领悟画法,提高刻画和表现物体的综合能力,铺垫好今后学习中国画的基石。

（三）观察实践

学习中国画,对作品的品读、认知、临摹、摹写的能力是非常重要的。学生结合老师的讲解和自己对中国画笔墨特点的观察,通过不断的临摹,熟悉笔、墨、纸的运用,逐渐感悟到中国画的意境美,大胆绘出童趣盎然的作品。

（四）精彩展示

学生展示出自己的作品,并加以解读,教师再与学生一起欣赏、交流与评价。

（五）回归生活

中国画的每一个画派、每一位画家、每一幅画都有着很多有趣的故事。故事源于生活,感人至深,充满哲理。学习中国画,既要掌握技法,还要研究故事,引导学生将生活情感体验融入中国画创作中,展现事物的美好,并把真善美通过中国画传达给他人。

 **课程评价**

《彩墨彩韵》课程评价主要看学生的国画作品,同时参考课堂考勤和纪律记录。本课程采用参与性评价和展示性评价相结合的评价方式。

（一）参与性评价

1. 课堂纪律评价。每次上课授课教师做好课堂考勤和纪律记录,在不按期交作品的学生、考勤和纪律不合格的学生的记录中一次增加一个黑墨点。

2. 过程性评价。即对学习全过程的评价,如绘画材料上的准备、学习能力的养成、学习态度以及绘画工具的整理等。在合格的学生的记录中一次增加一个彩墨点。

（二）展示性评价

1. 结果性评价:教师对学生的美术学习结果进行全面正确的评价,通过对学生平时的美术习作及课程小结、美术作业成绩评价,以检测学生的美术知识技能水平。

2. 综合性评价：对学生美术学习的评价贯穿于教学的每个环节每个阶段，对于参赛、参展的作品给予加分。

《彩墨彩韵》课程学习评价表

姓名＼项目	课时	彩墨点30个（共计90分）	黑墨点	画面效果（10分）	评分标准			
					优秀（28—30）彩墨点	良好（25—27）彩墨点	一般（22—24）彩墨点	合格（22以下）彩墨点
学生一	1							
学生二	1							
学生三	1							

评价说明：学生不遵守一项规则一次，其记录增加 1 个黑墨点，且黑墨点不能抵消，累计有 3 个黑墨点的学生扣除 1 个彩墨点。

（课程开发者：刘梅）

儿童创意美术

适用年级：四、五年级（选修）

课程背景

《儿童创意美术》课程体现"绘画是学生的第二种语言"的价值追求，抓住儿童思维和创意的发展最佳期，打造出以学生为主体、以创意为主线的全新的体验式绘画模式。课程旨在帮助学生完成生活经验的认知和类比的迁移，激发学生所感所知，赋予学生们更丰富的情感。《儿童创意美术》是开发儿童创造潜能的极好形式，它致力于提高儿童智力素质、审美素质，着力于儿童观察力、想象力、创造力的培养。

《儿童创意美术》课程秉承的核心理念是"创意无限，缤纷童年"。学习中，充分激发儿童无限的创造潜能，体验创意美术的美好和与之相融合的生活的色彩缤纷，完善生命与人格。

课程目标

1. 初步了解儿童创意绘画与其他绘画的区别。知道儿童创意绘画的特征，对儿童绘画产生兴趣。

2. 学会运用各种线条和块面去表现生活中物体的基本形象和主要特征。学习观察生活、了解生活。增强观察力、记忆力、想象力和独创力。

3. 体验创意绘画自由的过程，增强美学感知，感受生活的美好。

课程内容

本课程以"眼中有美丽的色彩，心中有斑斓的梦想"为主题。根据绘画的几大要素，内容分为四个板块。

（一）了解认识创意绘画

初步认识创意绘画的种类，了解各种画材、画具。学生能创造性地发现生活中的素材和绘画、手工材料。

（二）创意线条画

运用线条的粗细、疏密变化创意表现、感知生活中的万物，体验线条画的乐趣。

（三）创意色彩画

了解、认识泼彩染色，并掌握泼彩染色的技法，尝试创意添画。

（四）综合材料创意画

尝试运用生活中的综合材料进行创意构图。通过选材、构图、创意作品等活动，结合前期所学线条构图和色彩构图，运用综合材料进行创意作画。

课程实施

本课程为有一定绘画基础，并且思维开阔的学生提供一个发挥展示的平台。该课程设计每学年 30 课时。每周四在儿童创意社团教室授课一次，每课时 60 分钟。每班人数 15 人为宜。课程教学有自编讲义、多媒体设备及课件、范画等多种教学资源。

（一）注重课前资料采集调查策略和文化情境体验策略。发挥学生主观能动性。培养学生自主探究的能力。

（二）关注学生课堂思维发散力，使其逐步形成自主学习与合作学习的能力。让学生运用美术的学科语言，表达独特的见解。

（三）重视主题统整学习策略。让主题起到统整作用，使美术与其他学科融合，让学生在绘画中获得跨学科的知识，从而促进其全面发展。

 课程评价

根据《美术新课程标准》中"为学生全面发展而评价"的理念，我们采用展示性评价、众筹性评价和参与性评价方式，注重构建一种全面的、重过程、重创新的儿童创意美术教学评价体系，对学生学习目的、态度、审美意识进行评价，特别重视学生想象力和创造力的评价。

（一）展示性评价

利用教室内外空间设置每月"创意之星"评比专栏。每月创意之星均由学生自主介绍作品、交流投票产生。

（二）众筹性评价

建立家校 QQ 交流平台，用投票积分方式为学生创建丰富的交流评价途径。通过每月的互动性评价方式，促进鼓励学生学习。

（三）参与性评价

鼓励并组织学生积极参加学校内外各类赛事，增强学生自信；选拔优秀作品参与校园文化的布置；结合学校大型活动布置展板或展区，进行集中展示。

（课程开发者：张蕾）

巧笔涂鸦

适用年级：一年级（选修）

 课程背景

　　美术课程是学校进行美育教育的主要途径，是九年义务教育阶段全体学生的必修基础课程，也是实施素质教育过程中不可缺少的部分。《中小学美术课程标准》对小学一年级教育提出：让学生能够初步尝试各种不同的工具、媒材，从而进行创作，并提高学生们的兴趣以及对美的感受与创造力。儿童画课程是美术课程的一种，它包含炽热情感的艺术语言，具有天真稚拙、跳跃、富有灵动性的色彩，拥有神奇的魅力。我们开设的《巧笔涂鸦》课程，属于儿童画范畴。它将创意融入绘画，又跳出绘画来凸显创意，并集思考想象、多感体验、情感表达于一体，借助多种教学方法，在平面绘画的基础上添加立体手工创作，使课程更加丰富立体，更吸引学生。

　　本课程秉承"踏上美的旅程，学会感受美，创造美"的理念。课程充分挖掘学生美感潜能，引导学生踏上寻美旅程，用心感受美的存在，主动构思美的画面，最终巧手融汇，创作美的作品。

 课程目标

　　1. 能够掌握基本的色彩搭配、线条组织，对画面有一定的黑白灰关系的感知，懂得构图基本要点，在绘画与练习过程中，不断提升造型能力。

2. 通过训练拓宽自己的思维，学会大胆思考问题，充分发挥自己的想象力、创造力。

 **课程内容**

本课程以让学生大胆尝试创作、不断提高创新与发散思维能力为主，内容分为六个模块：

（一）色彩搭配

在这个模块，教师需要让学生养成良好的绘画方法与习惯，为后面绘画学习打好基础。通过同结构异涂色等方法逐步认识与感受各种对比色、冷暖色，学习色彩搭配，体验不同的色彩带来的不同感觉。

（二）线描

先从学生自主认识线条的多样性出发，然后过渡到不断转换描绘对象，用线描来造型，提升学生对线的敏感度。最后升级成将深色线条转变为丰富多彩的彩色线进行组织造型。

（三）黑白画

从学习黑白字体设计到学习花瓶设计与猫头鹰的绘制，初步感受黑白灰关系，学会画完整的作品。由于黑白画画面效果明显，容易增强孩子们绘画的自信心。

（四）构图

这个模块设计较为灵活多变，通过同元素异构图的方法，让学生多想、多变、大胆思考，尝试不同的构图体验带来的不同画面感。

（五）听故事画画

听故事画画，能充分激发学生的想象力。学生在将具有情境性的一段纯文字转化成一幅绘画作品时，因为对其没有固定的形象、构图、色彩要求，能够激发孩子强烈的表达欲望。听故事画画能让学生体验到画面表达的情境性。

（六）剪贴画

剪贴画能够将生活带进艺术的世界中。艺术的世界取材于各种生活材料，学生在制作各种作品时，也增强了他们的动手能力。

 课程实施

本课程共需 26 课时，每周 1 课时，每课时 60 分钟，以一学年为一个教学周期。教学场地为美术多媒体教室。课程材料、教具准备为多媒体、各种美术绘画材料。本课程使用原创自编讲义，并结合互联网、多媒体课件、影像资料等辅助完成。课程参与人数为 30 人左右，学习对象为一年级绘画启蒙阶段的学生。

实施策略：

（一）观赏图片、视频

通过对图片视频的观赏以及了解，学生们能更好地了解形象造型的特点。

（二）实物观察

让学生直观了解教学内容，能够激发其学习兴趣。

（三）欣赏范画

学生学会学习与借鉴好作品中的优点，并且有选择性地迁移到自己的创作中去。

（四）示范引领

解决重难点时，教师可以适当示范，让学生们迅速解决问题，绘画能力较好的学生可以与大家分享绘画经验。

（五）互评互议

学生学会自己探讨，在讨论和交流中获得有利信息。学会学习发现他人优点，并运用在自己的创作中。

具体安排：

第一单元：色彩搭配(4 课时)

内容包括：形状涂色、有趣的对比色、红色和绿色的画。

第二单元：线描(5 课时)

内容包括：有趣的线条排列、植物画、自画像。

第三单元：黑白画(6 课时)

内容包括："黑、白、画"字体设计、花瓶、猫头鹰。

第四单元：构图(4 课时)

内容包括：我爱水果、说故事构图。

第五单元：听故事画画(3 课时)

内容包括：《回家了》、《妈妈的孩子》。

第六单元：剪贴画(4 课时)

内容包括：我的小世界、舌尖上的重庆。

 课程评价

《巧笔涂鸦》课程不采用书面考试的形式,通过展示性评价和参与性评价相结合的形式进行评价。展示性评价查看学生平时作品,参与性评价查看课堂考勤和纪律记录。根据两方面的得分,最后进行综合等级评价：优秀(90—100),良好(80—89),合格(60—79),不合格(0—59)。

(一) 展示性评价(60％)

对学生平时所画的作品及作品的参展情况,都有一个相应的成绩评分。

1. 结果性评价：对每一节课学生所完成的美术作品按照一定的评分标准,进行讲解打分。

2. 综合性评价：对学习态度认真,且积极参加校内外美术展览活动的学生,进行鼓励，累积加分(全国级别：10 分、省市级别：5 分、校级别：2 分)，并将作品留校做珍藏。

(二) 参与性评价(40％)

主要考察学生在绘画学习过程中的认真度、活跃度、纪律等。

1. 课堂出勤和纪律评价：学生上课举手回答问题的次数、是否遵守纪律、是否迟到早退、请假都需要作相应的打分纪录。全勤 10 分，上课认真 20 分。(评价：违规一次扣 1 分)

2. 课程准备评价：学生是否带齐本节课所需要的美术工具、课前准备的图片资料等。(满分 10 分，未准备一次扣 1 分)

《巧笔涂鸦》课程学习评价表

姓名	作品创新性 30％	作品完整性 15％	作品基本功 15％	参展加分	展示性评价得分 60％	出勤 10％	上课纪律 20％	工具准备 10％	参与性评价得分 40％	综合评价得分	综合评价等级
						缺勤一次扣 1 分	违纪一次扣 1 分	未做准备一次扣 1 分			
学生一											
学生二											
学生三											
学生四											

(课程开发者：石文婷)

妙手生画

适用年级：五年级（选修）

 课程背景

　　苏联著名教育家苏霍姆林斯基曾经说过："儿童的智慧在他的手指尖上。"这句话告诉我们,在学生探索活动中,除了保持学生的好奇心以外,更要注重培养学生的动手能力和动手习惯。思维的创新、动手的能力,在制作每一件手工作品过程中得以实现;质料的选择、制作的方式与步骤、初稿的修改和完善是学生形象思维和逻辑思维碰撞的过程。

　　《妙手生画》课程是学校自行研发的俱乐部课程。它是一种创意手工画课程,利用树枝树叶、废旧布料、废旧报纸、彩色纸等各种材料,进行奇思妙想,然后通过手撕、拼贴、上色等步骤制成一种具有童趣的半立体独特画作。简单、好玩的制作方法,美观大气的作品呈现,多样的材料和工具,有趣的活动形式,能大大引起十岁左右的学生对手工画制作的探究兴趣。该课程通过利用生活中的废旧物品,引导学生制作成既有创意又有美感的作品,让学生重现生活之美,既增强学生环保意识,又提升学生的创新思维和动手实践能力。

　　本课程秉持的理念是：巧手展思维,创意美生活。创意是能量与智慧的迸发,创意更是一种对生活的热爱,对美的感受。有创意伴随一生,一定有美好生活相伴一生。

课程目标

1. 了解手工画的相关知识，掌握一定的手工画技法，搜集有关制作手工画的图案与拼贴方式、技巧，认识一定的拼贴语言和撕、刻、缝、印、拼、摆、拓、染、扎、捞、贴等表现手法。

2. 能根据材料的特性、造型，拓宽思维，制作出富有创造力的作品，利用多种材料和手段进行动脑、动手的能力的培养。

 课程内容

1. 认识手工画种类。手工画有具象和抽象两种形式，它的内容、范围都非常广泛。

2. 发现创作素材，掌握处理方法。在制作过程中，只有学生细心对比、发现不同材料的特质、形态，才能使不具生命的材料焕发出新的生命。老师引领学生从专业的角度认识基础手工画，提高学生的美术素养；学生在一张一贴、一拼一剪中，体验参与的乐趣，锻炼敢于自我表达、自我创新的能力。

3. 有创意地应用不同材料进行手工画创作。学生可以用树叶、布艺、纸浆、立粉等等材料进行手工画作品欣赏与制作，鼓励学生大胆尝试用生活中的各种材料进行创作。

 课程实施

本课程共需 26 课时，每周 1 课时，每课时 60 分钟，以一学年为一个教学周期。在

妙手生画俱乐部教室上课,参与人数为 20 人,课程教材为教师自编的讲义、自编的教材、互联网、多媒体课件、音像资料等。

（一）实施策略

1. 调动积极的情绪。美术中的绘画与手工,都是美的呈现,虽然绘画与手工表现美的形式有区别,但他们都是审美创新活动。对于学生来说,积极的参与,才能让学生获得存在感。在组织活动时,教师应关注学生在制作中是否愉快,这对于学生的情感活动发展很有帮助。

2. 尽量让学生多观察、大胆尝试,及时鼓励学生。

3. 培养学生对手工画制作的兴趣、爱好,使其增长见识、提高技能,让学生养成独立思考的习惯,并通过想象力创造力的培养,促进学生个性化发展。

（二）教学步骤

1. 鉴赏与设计。具体内容包括：欣赏优秀手工制作粘贴画作品,然后自己设计手稿图。

2. 定稿与制作。具体内容包括：学生相互点评手稿后再修改,修改好后学生们再一次互评,并想象如果这是自己的作品还可以有怎样的奇思妙想。再次修改最终定稿。回家准备好废旧材料,学生根据上节课自己设计的手稿图进行各种材料制作粘贴画,作品做好后用丙烯颜料上色。

3. 欣赏与交流。具体内容包括：学生们欣赏作品,相互点评或自评。交流如何能做得更好。

4. 完成作品。具体内容包括：最后添加、修改、完成一幅优秀作品。

5. 欣赏总结。相互点评,教师点评,进行总结、表彰。

 **课程评价**

（一）对学生的评价分别从"主题、内容、颜色、创意、形式、材料、设计、精细度、整

体布局"几个方面进行综合测评。

（二）评价以学生互评为主，学生自评、教师评价为辅，划定综合评定等级。其中，互评分数占 50％，自评分数占 30％，教师评价分数占 20％。

（三）综合评定等级分为优秀、良好、合格三个等级。90—100 分评为优秀，80—89 分评为良好，60—79 分评为合格。

《妙手生画》课程学习评价表

作者姓名	主题鲜明（10）	内容丰富、颜色得当（20）	创意新颖、形式活泼（20）	变废为宝、体现环保（10）	原创设计、难易度（20）	精细度（10）	整体布局得体（10）	总分	等级

（课程开发者：邓祯颖）

C大调童声合唱团

适用年级：二至四年级（选修）

 课程背景

　　合唱是一个音乐用语，是群体歌唱的表演形式。《中小学音乐课程标准》从二年级开始就对合唱提出了一定的要求。合唱学习，能帮助学生具备一些合唱的知识技能，有助于为学生今后的合唱学习打下良好的基础，更能培养学生的听辨能力和学生的合作意识。想要教好合唱作品类的儿童歌曲，需要有一个循序渐进、有的放矢的教学过程，为此，我们对有音乐潜质的学生开设了《C大调童声合唱团》课程。

　　合唱是一门多声部艺术，要求集体的声音和谐、融合。在排练过程中，教师首先会给儿童树立只有"我们"没有"我"的集体观念。其次，合唱作品有分有合，各声部间的倾听、谦让、合作以及长期刻苦的训练，潜移默化地影响儿童心理，并反映在儿童的日常生活当中。很多童声合唱团在组建之初，组织者都会很辛苦，但是通过一段时间的训练后，孩子们的集体精神、协作精神明显提高，团队意识和责任感显著增强。

　　本课程秉持以下理念：爱上合唱艺术，体验合作包容。学校将"童声合唱团"作为特色建设项目，构建具有针对性和时效性的校本课程——《C大调童声合唱团》，并努力将音乐基本知识、歌唱技巧学习与培养学生高尚情操、优雅气质有机地融合，丰富学生对歌唱的美的体悟，启迪音乐智慧，开发审美潜能，陶冶审美情操。同时，使学生在合唱学习中体验合作，学会包容。

课程目标

1. 树立正确的音色观念,能分辨什么样的声音是自然而正确的,能在老师指导下通过训练调整声音状态,进而通过自己的听辨和调整达到自然正确的音色。

2. 树立良好的歌唱状态,养成良好、正确的发声姿势,具有良好的音准和节奏感。

3. 建立多层次的情感体验,通过歌曲鉴赏、体会其情绪,进而在歌唱中逐渐做到情绪的表达。

 课程内容

(一) 合唱歌曲鉴赏

童声合唱,经过长期的发展,积累了大量优秀作品。这些作品中,有很多具有鲜明的思想教育性。如热爱祖国的《让我们荡起双桨》、反映家庭情感的《小船》、尊敬老师的《啊,老师——妈妈》等;也有大量艺术性很高,给儿童以美的启迪的作品,如:描绘祖国大自然景色的《我们的田野》、描绘自然现象的《雪花》、描绘动物的《天鹅》等。通过学习这些作品,教师对作品深入地分析、讲解,使儿童了解作品描绘的画面、蕴含的思想感情,感受和谐之美、艺术之美。

(二) 合唱基本训练

1. 声乐练习。童声合唱的首要任务就是教会学生歌唱。童声合唱训练,追求的是干净、柔和的声音,对歌唱的姿势、口型、呼吸,都有着严格的要求,从而达到理想的声音效果,获得流畅、优美、动听的声音。

2. 视唱练耳练习。合唱是一门综合艺术,对合唱队员的音准和节奏要求十分严格。因此在训练过程中，简单的视唱练习和基础的练耳练习必不可少。通过视唱练耳练习，提高学生识别音乐符号的能力，准确表达音乐思想的能力。对儿童学习其他音乐形式以及对今后综合能力的发展都有良好的基础作用。

3. 审美练习。合唱练习是增强孩子审美的一条重要途径。合唱的模仿以欣赏练习开始，欣赏大量优美、优秀的合唱作品能逐步提高儿童的审美能力。在合唱欣赏练习中，教师有的放矢地给儿童进行讲解、分析，使儿童自发的音乐感受转变为对音乐表现手段的把握、对音乐情感的正确辨识，能帮助儿童提高对音乐的审美能力。

（三）合唱舞台表演

在儿童学习音乐的过程中，一定要有专业实践（即舞台表演）才能提高儿童学习兴趣，并且要对阶段性的学习成果进行肯定。多次登台展示，不但能提高儿童的专业技能，也能大大激发儿童的表演欲望，从集体登台到重唱、再到独唱，儿童们会逐步提高自己的舞台表演能力，爱上表演这种艺术形式。

 课程实施

本课程以一学年为一个教学周期，每学期 30 课时，每周 2 课时，每课时 120 分钟。教学场地设在学校音乐阶梯教室，配备钢琴。教师根据每课时的需要准备讲义，并为学生准备乐谱（五线谱或简谱），合唱团参与人数为 40 人左右，根据训练情况可适当增减。凡对合唱有兴趣且自身声音条件较好的学生均可报名，经过教师考核遴选后确定最终人员。本课程按以下学习策略进行课程实施：

（一）激发兴趣。通过欣赏激发学生歌唱的热情；通过各种形式的发声练习，让学生在有趣的学习中获得良好的歌唱状态。

（二）有效训练。采用集体训练与个人训练相结合的方式，为每一位孩子创造良好的学习发展空间。

（三）主题引领。本课程以三至五个课时为一个训练周期，每个周期围绕一个主题开展训练。每个周期主要分为呼吸气息训练、基础音准训练、以歌曲为载体的二声部合唱训练、舞台形体与表演训练四个阶段。

（四）情感体验。让学生学会以歌抒情，以歌咏志，让歌声充满生命力，引导学生进行多层次的情感体验，使学生与作品共鸣，与教师的情感共鸣。

以上四点学习策略并非孤立存在，而是互为表里，相互促进的。它们将为孩子在舞台上呈现美妙的合唱艺术提供有力的支撑，为孩子终生喜爱歌唱、学习歌唱提供一种有效的方法。

 **课程评价**

本课程评价采用积分制评价和展示性评价相结合的原则，对学生的声音控制技术水平、视唱练耳的掌握情况进行综合评价。

（一）积分制评价

每周对学生上课的出勤率、课堂常规纪律情况采用积分制评价。全勤记 10 分，缺席一次扣 1 分，课堂常规满分 10 分，违规一次扣 1 分。

（二）展示性评价

教师通过课堂提问检测、乐理知识问答、视唱练耳展示、作品演唱等方式为学生提供展示自己学习成果的平台，促进学生歌唱水平的发展和音乐基本素养的提升。教师通过学生的展示对学生进行评价，评价结果分优秀（90—100 分）、良好（80—89 分）、合格（60—79 分）、不合格（60 分以下）四个等级。

《C大调童声合唱团》课程学习评价表

学生姓名： 班级： 指导教师： 年 月 日

姓名	评价指标						综合评价	
	平时 （40%）				期末(60%)		综合成绩	等级
	出勤情况10%（缺一次扣1分）	提问检测10%	乐理知识问答10%	课堂常规10%（违规1次扣1分）	视唱练耳20%	作品演唱40%		
学生一								
学生二								
学生三								
……								

（课程开发者：何平）

民乐新蕾

适用年级： 一至六年级（选修）

 课程背景

千百年来，民乐以技法、音色以及它独特的艺术魅力博得了广泛的喜爱。随着东西方文化交融的不断深化和民族音乐的迅猛发展，民族音乐取得前所未有的进步。优秀的民族音乐成了世界人民联系的纽带，它不仅能激发人们的爱国热情、民族自豪感和自信，还能启迪人们对美的思考，激励人们对美的追求。

《小学音乐课程标准》中明确提出：音乐是文化的重要组成部分，是人类宝贵的精神文化遗产和智慧的结晶。《民乐新蕾》课程的开发，旨在学生通过亲身参与民乐的学习和演奏，获得对音乐的直接经验和丰富的情感体验，为掌握民乐相关知识和技能、领悟民乐内涵、提高音乐素质打下良好的基础。通过学习民族乐器了解中华民族悠久的文化，积淀文化底蕴，培养独有的民族气质，同时丰富学校的校园文化生活。

《民乐新蕾》课程秉持以下理念：琴韵声声，心随乐动，传承发扬，美育童心。通过该课程的学习，学生可以掌握一定的民族乐器演奏技能技巧，提高音乐表现力。

 课程目标

1. 初步了解民族乐器和民族音乐，体验民族乐器和民族音乐的魅力，感受深厚的民族文化，增强民族自豪感。

2. 在乐理基础知识的学习和反复的基本功练习中，学会各种基础乐理知识和演奏民族乐器的技能、技巧，发展逻辑思维和形象思维。

3. 在合作和合奏过程中，形成良好的学习习惯及团队协作意识，树立集体荣誉感，提高鉴赏能力。

 课程内容

《民乐新蕾》课程通过科学系统化的教学和训练过程，让学生认识民乐，了解民族乐器的历史，学习演奏技法，掌握演奏技能以及逐步喜爱音乐、热爱生活。通过该课程的学习，学生的艺术修养和文化素养得到提高。该课程将知识性、技巧性、文学性和趣味性融入音乐美学理念之中，突出民乐的审美意识。在此基础之上，本课程按循序渐进的学习顺序分为以下四个模块：

（一）基础知识

以各种民族乐器的发音和演奏技巧，民乐的历史和发展为基础，对基础乐理知识进行讲解。

（二）指法训练

以小课形式授课，对学生的指法进行指导，通过单音和指法练习，达到手指的灵活性、手腕的放松性等训练目的。

（三）作品练习

以独奏、重奏、合奏训练和乐团排练的声部演奏训练相结合等形式授课，针对学生的水平特点，有针对性地进行学习和指导，最终能共同演绎音乐作品。

（四）合奏练习

帮助学生了解演奏曲目的背景及作品，指导学生掌握调性、音准、节奏，分段练习及完成感情标识合成；培养学生独奏能力和集体演奏的配合能力，使全体能合奏完整的音乐作品。

课程实施

本课程每周 2 个课时,每课时 60 分钟。一学期 30 个课时,以一学年为一个教学周期。学校设有专门的各乐器学习小教室,每周在学校大礼堂进行一次合奏练习。每种乐器学习班参与人数不超过 15 人,各教室配有谱架、谱本、音叉、凳子等器材,课程教学资源以自编教材为主。

(一) 激趣引导法

兴趣是最好的老师,是人类潜能的原动力。本课程将启发、引导和发展学生的兴趣作为出发点,使学生欣赏不同类型的民乐作品,激发学生学习民乐的兴趣。

(二) 示范演示法

民乐学习有较强的模仿性,教师的演绎对学生能起到指导和引领作用,使学生单音、指法在模仿与练习中进步。

(三) 点拨指导法

针对不同学习进度、不同年龄特点的孩子,在小教室中对学生进行一对一的指导,使学生在反复的练习中,学会演奏技巧。

(四) 合作学习法

完成独奏练习后,进行生生合作、师生合作、集体合作的交流学习演绎,结合慢快慢快、分合分合的练习方法,既能训练学生的演奏技能技巧,又能锻炼学习合作的能力。

(五) 展示观摩法

学生集体合作演奏展示民乐作品,教师统一指挥,再与学生一起听赏、交流与点评,引发情感的共鸣。

课程评价 ————————————————————————

  《民乐新蕾》课程采用灵活的形式对学生进行评价，用"大拇指"奖章记录学生的学习情况，学生在期末结束时，有"大拇指"奖章 30 个及以上的学员获评课程"优秀学员"，其评价标准为：

  1. 针对学生每次学习的到位情况，教师设计了考勤表格，对学生的出勤率进行考核，对全勤到位的学生给予"大拇指"表扬，学生三次请假（事、病假）将取消其评选"优秀学员"资格，以此促进学生的学习积极性。

  2. 在学习过程中，对学生的纪律和上课互动情况进行当堂课的课堂评价，对当堂课认真、努力的学员给予"大拇指"评定。

  3. 期末将根据学生在庆祝活动中的展演参与度，对学生的音乐基础知识、技能技巧和团队合作的能力进行评价，评出"大拇指"学员参与"优秀学员"评定。

《民乐新蕾》课程学习评价表

乐器	姓名	出勤	课堂点评	展演评价			综合考核（总数）	优秀学员	
				乐理知识	技能技巧	合作能力		是	否

（课程开发者：周红梅）

小小演奏家

适用年级：二至四年级（选修）

 课程背景

　　《小学音乐课程标准》要求，小学低段开始学习简易的小乐器演奏。这符合小学生的认知规律，既贴近小学生生活实际，丰富音乐课程教学内容，又能极大提高学生学习音乐的兴趣。

　　口风琴是一种新型乐器。它既保持了键盘乐器的特征，又汲取了吹奏乐器的特点，没有过多的技术要求，易于演奏、易于激发学生学习的兴趣。更重要的是在学校每周一节的电子琴课基础上，口风琴学习是一个很好的学习延伸和扩展。学校将口风琴课程作为特色建设项目，注重人本资源的开发、利用，构建具有个性化的、本土化的校本课程，让口风琴课程与国家课程和课外艺术实践有效融合。

　　本课程秉承"美妙口风琴，奏响真善美"的理念。艺术教育的最终目的是让学生从小懂得求真、向善、爱美。因此，《小小演奏家》口风琴课程的实施将促进学生综合音乐素养和审美能力的培养与提高。让学生在自由和愉快的音乐实践中收获真、善、美。

 课程目标

1. 通过课程的学习，初步建立起良好的音感基础。
2. 体验多种吹奏形式，初步掌握在多声部音乐、合奏中演奏的能力。

3. 进行游戏性的体验,开阔艺术视野,激发起学习音乐、创造音乐的兴趣。

 课程内容

本课程以掌握基本的口风琴演奏技巧为主要内容。在初步认识和了解口风琴构造原理和吹奏方式的基础上,按照由简到繁,循序渐进地开展课程。具体分为四个板块。

（一）正确的呼吸方法训练

呼吸是口风琴演奏中很重要的一个部分,学会在吹奏过程中流畅自如地呼吸对保证乐曲的演奏质量有着举足轻重的作用。但这也需要长期累积的训练。因此,每一课时的学习都坚持进行呼吸的有效训练,并且在课后进行适度的练习和积累,这样才能使学生取得进步,才能正常地将课程推进。

（二）键盘演奏基础

通过口风琴学习引导学生掌握一定的器乐演奏知识和技能,并且结合电子琴学习经验,促进口风琴演奏过程中键盘演奏能力的提升,培养和提高学生对音乐的感受能力、欣赏能力和表现能力。

（三）简单乐曲演奏

音乐世界的曲目众多,难易程度不同,学生的音乐学习能力也参差不齐。基于这样的情况,我们选择从学生易于上手的曲目开始,并且由浅入深,按照循序渐进的方式进行。

（四）团队合作变换演奏

口风琴不仅仅是一种独奏乐器,教师应充分挖掘其合作演奏、行进演奏的特色,激发学生主动学习的热情。通过齐奏、合奏等形式,培养学生的团队精神与合作意识。

课程实施

本课程共需 30 课时，每周 1 课时，每课时 60 分钟，以一学年为一个教学周期。教学场地在学校电子琴教室。教室里配备有多媒体教学设备。教师根据课程需要准备每课时所需的讲义，学生自备口风琴。参与人数 35 人左右，根据训练情况可适当增减。凡对口风琴吹奏感兴趣，有一定键盘乐器演奏基础的二至四年级学生均可参加。训练采用集体训练和个别指导的方式，为学生营造良好的艺术氛围和学习空间。

（一）实践体验与点拨指导相结合

教学活动中，教师的主要任务是给予指导和帮助。教师的作用贯穿于整个活动过程。如：学生吹奏前的示范，实践过程中的点拨与启发以及课后的拓展与延伸。在活动中应给予学生较大的自主权，最大限度地发挥学生的主观能动性。

（二）科学性与趣味性相结合

在教学活动实施过程中，教师要针对学生个体差异和年龄特点，根据口风琴演奏的独特性开展丰富、多元的活动。教师应根据上课情况及时调整教学内容和教学方法，努力设计出富有趣味性的活动。通过本课程的实施，学生学有所得、学有所乐，在自由和愉快的口风琴活动中收获知识、收获自信，提高演奏水平。

（三）自主练习与小组合作相结合

采用游戏、模仿、集体训练、个别指导、小组合作等形式完成课程学习。通过"我的口风琴"单元，了解口风琴吹奏初步认知、呼吸方法训练、基本演奏姿势、基本指法和音阶的练习。通过"活动活动我的小手"强调口风琴键盘的基础弹奏，进行从单一的顺序性练习到穿指法、跨指法的学习。通过"我们的小手会唱歌"能够独立地流畅地吹奏简单的乐曲。通过"快乐变、变、变"进行趣味性的行进吹奏，训练团队合作演奏。

 **课程评价**

本课程评价坚持参与性评价和展示性评价相结合的原则。

（一）参与性评价

主要针对学生在平时的课程学习中能否准时到位、能否积极主动地参与学习，特别是在小组合作学习中能否积极地参与讨论和合作练习，给予评价。

（二）展示性评价

主要针对学生在进行了一个时间段的学习后能否进行自信、流畅地独奏、齐奏，给予积极的引导和公正的评价。

《小小演奏家》课程学习评价表

学生： 班级： 年 月 日

参与性评价		等级	展示性评价	等级
平时	出勤情况		期末 个人演奏	
	小组参与			
	课堂常规		小组合作演奏	

（课程开发者：李爽）

小白鸽舞艺

适用年级： 二至五年级（选修）

 课程背景

　　舞蹈是人体动作的艺术，是一种有音乐伴奏的，以有节奏的动作为主要表现手段的艺术形式。舞蹈具有鲜明的审美愉悦性。当学生"手之舞之，足之蹈之"时，其内心情感的抒发，可谓进入最具有审美意味的境界。少儿舞蹈是一幅五彩斑斓的画，是一首天真无邪的诗，是童心童趣的绽放和展现。它除了舞蹈艺术的共同特性之外，还具有自身的特点和个性。在舞蹈学习中，学生不仅可以长身体，更可以在协调动作中，一举手一投足都显出文雅的气质。

　　《小白鸽舞艺》课程是学校的少儿舞蹈社团课程，是校园文化建设的一个重要组成部分。该课程的开设，既为学校舞蹈爱好者搭建了一个学习舞艺、展现自我才华、实现各美其美的平台，也是彰显学校风采的一扇窗口。

　　本课程秉承"舞耀人生，以舞育人"的理念，在课程实施中，我们坚持普及、提高、求精相结合的原则，面向全体爱好舞蹈的学生，做到在普及的基础上提高，在提高的基础上求精。学生愉悦地舞动的同时，掌握基本的舞蹈动作、舞蹈技巧，增强舞蹈素质。少儿舞蹈反映了少年儿童的神韵、形态、情绪以及思想情感，不仅能陶冶学生们的情操，帮助他们认识美、感知美、发现美，还能够完善他们的人格，激发他们的兴趣爱好，帮助学生提高审美能力和审美情趣，使学生们的想象力、求知欲、对美的鉴赏能力等各方面得到全面发展。

课程目标 ————————————————————————

1. 在唱唱、跳跳、动动中去感受音乐，理解音乐和表现音乐。

2. 通过舞蹈训练，学会在团队中分工合作，同时在集体中培养团队配合能力、自主领导能力。

 课程内容 ————————————————————————

《小白鸽舞艺》课程以"舞耀人生"为核心，让学生掌握舞蹈的动作要领、动作的技巧和方式、舞蹈神韵，通过肢体的动作来展示身体的协调美、灵动美。在内容上分为五个板块：

（一）舞蹈欣赏

观赏各类舞蹈表演，能区分几种主要的舞种，对一些舞蹈作品表现的内容和情感有所理解和领悟，在欣赏中提高舞蹈艺术感知能力和审美能力。

（二）形体塑造

通过舒展优美的古典舞身韵练习，结合芭蕾基训，帮助学生塑造优美的体态和身型。

（三）技巧提升

通过专业的技术技巧训练，帮助学生掌握现年龄阶段的舞蹈技术技巧，并在舞蹈展示中熟练地运用。

（四）组合训练

通过了解古典舞的身韵和气息，以及一些民族民间舞、现代舞的代表性风格，掌握一些古典舞、民族民间舞、现代舞的基本的舞蹈组合。

（五）剧目学习

通过单人，双人，三人，以及集体舞蹈剧目的排练与学习，体会舞蹈带来的乐趣，增强集体荣誉感，提升团队合作精神。

 课程实施

本课程共 32 课时，每周 1 课时，每课时 40 分钟，以一学年为一个教学周期。教学场地需要至少 40 平米以上的舞蹈形体室。自编适用于学生的舞蹈教材。

（一）素质训练

素质训练是改善初学舞蹈学生的身体差异，增强身体部位的专业需求。素质训练分成上半身腰的"软"和下半身腿的"开"两个部分。软开度训练中可分为肩部、胸腰、中腰、腿部、胯部、脚背几个部分，分别对其进行训练，为后期的动作打好坚实的基础。

1. 压肩胛骨胸腰训练。在训练中，大臂与肩同宽，小手臂搭把杆进行前压肩的伸展，也可以两人一组背对互相向后拉肩，这是为了训练肩和胸腰的软开度。

2. 腰是身体运动的轴心。训练腰是为了锻炼腰部的力量性和腰部的软度，同时让腰部达到一定的柔韧性。

3. 腿功是舞蹈学习中极其重要的部分，腿是整个身体的重心部分，一切优美的舞姿和有难度的技巧都需要扎实的腿功才能完成。训练中，在把杆上压腿让腿肌肉和韧带得以伸展，达到"软"和"开"的效果。用大踢腿的练习来使腿部得到最大拉伸，同时加强了腿部肌肉的爆发力，从而达到腿修而长的效果。

4. 胯的软度即是髋部的开度。舞蹈中，胯部动作可以扩大行进范围和空间，大限度施展动作的幅度，让身体的下肢更具表现力。练习中，采用地面分腿练习、躺地踢腿练习、趴横叉、两人互相压胯以及老师帮忙踩胯等方法。

（二）形体训练

形体训练是塑造身体的形态姿势的训练，在完善身体的形态的同时让身体素质具有灵活性，增强稳定性、协调性，使动作更富有灵动感和优美感。形体训练一般分为"扶把"训练和"离把"训练。

"扶把动作"是借助把杆来训练身体的柔韧性、力量性、重心的一系列训练，让身体形态更具美感。"离把动作"是在掌握扶把重心的前提下，再脱离把杆训练，让身体更具有稳定性、协调性和灵活性。

（三）技巧训练

技巧是一套连贯的舞蹈动作，极其考验身体的柔韧性、控制力、爆发力，是具有表现力和创造力的动作。其中包括"跳、转、翻"等技巧动作。训练技巧时，应以单一训练为主，再进行反复训练，技巧动作要达到稳定、准确、动作流畅。

1. 旋转。让身体直立于地面，给予一定的发力，沿着一个点或者一个轴做 360 度的旋转。基本旋转有原地自转、行进平转和空中转三种。

2. 翻身。翻身是指在以身体的中部为主要轴心，进行 360 度的翻身。在舞蹈教学中，一般分以点翻、串翻、踏步翻等项目来进行翻身训练。

3. 跳跃。即通过跳跃在空中形成一种优美的造型姿态。跳跃一般有三个步骤：

（1）起跳。"起范儿"，指双脚迅速分离地面，为空中的动作做好准备。

（2）腾空舞姿。当弹跳时身体重心向上至最高点时瞬间做出优美的造型姿态。

（3）落地。身体重心向下准备落地时应使前脚掌先着地，缓慢过渡到脚后跟着地，膝关节弯曲，做到轻巧稳健，起到缓冲的作用。

（四）舞姿训练

舞姿即身体的基本形体和基本神韵。舞姿里包括"手、眼、身"法，来表现动作的张力，同时舞姿由身体的各个部位和肢体来配合协调性完成。基本舞姿主要是对手位、脚位进行基础训练，从而配合腰功、腿功和技巧形成的一组连贯的、具有难度、富有表现力和张力的舞蹈动作。教授过程中应遵循单一训练，从简到繁，从易到难，循序渐进的原则进行教学，使学生们更快、更好地领会动作要领。

 课程评价 ————————————————————

优秀(90—100分)：能根据社会生活大胆创新，自主编排舞蹈动作，且表现欲望强，表情丰富，动作连贯，形体动作完成好。

良好(80—89分)：在教师的启发下能够有所创新，有一定的表情，能基本掌握动作要领。

合格(70—79分)：在教师引导下能基本完成舞蹈动作，能基本接受动作，能大致模仿出动作。

每学期以小组为单位，按照舞蹈组合、基本功以及技能技巧进行小组展演。之后以学生自评、小组互评、教师总评等多种方式完成期末综合评定（评定表格如下）。期末校内进行汇报展演从而提高学生的舞蹈表演水平。

《小白鸽舞艺》课程学习评价表

评价项目	评价标准	评 价 结 果				
		优秀 (90—100分)	良好 (80—89分)	合格 (70—79分)	综合得分	综合等级
出勤情况	按时出勤					
着装情况	舞蹈服装的统一					
素质训练组合	肩、腰、踝、胯的动作完成度					
技能技巧	跳、转、翻的标准度和完成度					

续　表

评价 项目	评价标准	评 价 结 果				
		优秀 （90—100 分）	良好 （80—89 分）	合格 （70—79 分）	综合 得分	综合 等级
舞蹈	舞姿优美 动作连贯 情感抒发					

（课程开发者：曾砚文、王琴源）

后记 让所有梦想都开花

一个个孩子就是一朵朵花，有的清新淡雅，有的馥郁浓烈，正是这千姿百态，才有春满人间。每一个生命，无论他天资聪颖抑或愚钝，都值得我们用心去尊重和爱护，并寄以无限的希望。只要我们给校园里每一位花香扑鼻的孩子赋予花的含义，他们都会更加花香沁人，还我们以无限惊喜。

花朵虽美，但幼苗稚嫩，仍需沐浴阳光与雨露，仍需培育与呵护，才能"鲜花朵朵向阳开"。这些年来，为了让学校里每一个生动鲜活的生命成长犹如那一朵朵花儿"各美其美"、五彩缤纷，学校以少年儿童认知与情感内化、提升的成长规律为前提，全面深入推进"新美教育"。在摸索前行的道路上，我们有惊喜，有兴奋，有迷茫，还有困惑，所幸的是我们一直坚持、坚持、再坚持，从起点出发，一直在路上……

怀特海说："教育只有一个主题，那就是五彩缤纷的生活。"以让孩子们在校园里过一种五彩缤纷的诗意生活为宗旨，学校在"新美教育"哲学思想的引领下，以新美课程体系整体架构为主线，从"尚美修身课程、达美言语课程、完美思维课程、创美探索课程、弘美健体课程、展美艺趣课程"六大领域，整合全校一至六年级 40 余门课程 214 个序列，进行深入的课程改革，以此为契机，提倡"以最美的方式去陶冶、激励、引领学生发现美、感知美、体验美、欣赏美、创造美、传播美的美感启蒙过程的教育"。以美启智，以美导善，以美化情，综合培育学生核心素养，整体推进学校美育特色，探索"各美其美、日新月异"的美育教育。

这本书是我们在推进"新美教育"路途中留下的一点痕迹，全体教师在新美课程体系的整体架构下，参与开发课程，撰写课程纲要，并进行课程实施，开始了一段艰辛而愉悦的跋涉与探索。限于水平和时间，我们没有办法把这样一个跨度很大、涵盖面很广的书稿写得引人入胜，但是我们相信，只要执着地去做一件事，我们就可以用手中的笔,写出使人眼睛发亮的文字。我们从来不认为自己是多么伟大的教育家,也不认为自己有着多么深邃的教育思想,只力求珍藏下"新美教育"发展过程中珍贵的点滴记忆,留下她成长的脚印,并将一些原生态的东西提供给读者,我们希望我们的思考能给教育带来一丝光,使他者能透过这丝光,欣然前行。

《新美课程:演绎生命之诗》一书共有六个章节,每位执笔教师均为该课程的开发者和实施者,他们积极整理经验完成书稿撰写,倾注了大量心血。本书作为新美课程第一阶段成果,限于篇幅原因,六个课程领域下只分别选取了 10 个子课程纲要入书,在这里,向参与课程开发和实施的所有老师致敬!特别要感谢上海市教育科学研究院杨四耕教授的专业引领,从新美课程的整体框架体系架构到每一门课程的具体实施,杨老师一路陪伴,一路鼓励。同时,这本书还凝聚着李青春、马艳、田桂诱、米晓波、闫思兰、蒋成羽、邓建中、周静、吕晓丽、王刚、张东、瞿炼等编委的心血。

目前,新美课程的阳光已经洒满了校园的每个角落,我们欣喜地看到,越来越多的孩子在不同的方面崭露头角。你看,曾经自卑的小雏菊如今开朗活泼,曾经如此害羞的小米兰自信昂扬……每朵花都有一个成长的梦,一朵朵美丽又各具特色的花儿在五彩缤纷的新美课程滋养下,盛开在校园的各个角落,孩子们追逐着自己的梦想,我们则竭力让他们的梦想之路花香满径,让所有梦想都能开出鲜艳的花。

田桂诱

2017 年 7 月 10 日

图书在版编目(CIP)数据

　　新美课程：演绎生命之诗/李青春主编. —上海：华东师范
大学出版社，2018
　　(学校课程深度变革丛书)
　　ISBN 978－7－5675－7552－3

　　Ⅰ.①新… Ⅱ.①李… Ⅲ.①小学－课程建设－研究
Ⅳ.①G622.3

　　中国版本图书馆 CIP 数据核字(2018)第 046263 号

学校课程深度变革丛书

新美课程：演绎生命之诗

丛书主编　杨四耕
主　　编　李青春
责任编辑　刘　佳
特约审读　王　奕
责任校对　张　雪
装帧设计　卢晓红　刘怡霖

出版发行　**华东师范大学出版社**
社　　址　上海市中山北路 3663 号　邮编 200062
网　　址　www.ecnupress.com.cn
电　　话　021－60821666　行政传真 021－62572105
客服电话　021－62865537　门市(邮购)电话 021－62869887
地　　址　上海市中山北路 3663 号华东师范大学校内先锋路口
网　　店　http://hdsdcbs.tmall.com

印 刷 者　上海书刊印刷有限公司
开　　本　787×1092　16 开
印　　张　19.75
字　　数　280 千字
版　　次　2018 年 5 月第 1 版
印　　次　2019 年 7 月第 2 次
书　　号　ISBN 978－7－5675－7552－3/G·11008
定　　价　48.00 元

出版人　王　焰